Tad James

TIME COACHING

Programmieren Sie Ihre Zukunft... jetzt!

Reihe
MULTIMIND

Tad James

TIME
COACHING

Programmieren Sie
Ihre Zukunft... jetzt!

Herausgegeben von
Klaus Marwitz

Junfermann Verlag • Paderborn
1993

© der deutschen Ausgabe: Junfermannsche Verlagsbuchhandlung, Paderborn 1992
2. Auflage 1993
Copyright © 1989 by Advanced Neuro Dynamics, Inc. and Tad James

Originaltitel: The Secret of Creating Your Future
Übersetzung aus dem Amerikanischen: AHA-Team
Cover-Gestaltung: Inga Koch

Satz: La corde noire - Peter Marwitz
Druck und Bindearbeiten: PDC - Paderborner Druck Centrum

CIP-Titelaufnahme der Deutschen Bibliothek
James, Tad:
Time Coaching: Programmieren Sie Ihre Zukunft... jetzt!
Tad James. Aus dem Amerikanischen von AHA-Team.
- Paderborn: Junfermann, 1992.
(Reihe MULTIMIND)
Einheitssacht.: The Secret of Creating Your Future <dt.>
ISBN 3-87387-061-4

ISBN 3-87387-061-4

INHALT

DANKSAGUNGEN

Ich möchte gern all meinen Lehrern persönlich meinen Dank aussprechen. Einigen von ihnen bin ich selbst begegnet, aber nicht allen. Als die wichtigsten möchte ich hier nennen: Maharishi Mahesh Yogi, Swami Muktananda, John Garner, Leonard Orr, Werner Erhard, Stuart Novick, Trinidad Hunt, Dana Hall, Milton Erickson, Ernest Rossi, Richard Bandler, John Grinder, Steve Andreas, Wyatt Woodsmall, Robert Klaus, Cathy Modrall, Robert Dilts, Tony Robbins, Richard Roop und natürlich alle meine Schüler, die mich genausoviel gelehrt haben.

Diese Menschen sind dafür verantwortlich, wer ich heute bin. Sie haben mich mit den Informationen versorgt. Natürlich war ich es, der sie angenommen hat, also trage ich zumindest eine gleichwertige Verantwortung dafür selbst. Ich danke ihnen allen für ihren Anteil.

Gewidmet allen aufrichtigen Suchern.
Ich kenne Euren Pfad.
Ich gehe ihn auch.

EIN WORT ZUR VORSICHT

Wenngleich die Techniken, die in diesem Buch beschrieben werden, nur metaphorisch dargestellt werden, sind sie trotz allem außerordentlich wirkungsvoll. Daher ist es wichtig, daß Sie diese Techniken nur in einem Kontext anwenden, wie er hier beschrieben wird, und darüber hinaus auch nur für den persönlichen Gebrauch. Anleitungen zum professionellen und therapeutischen Gebrauch der TIME LINE THERAPY™ erhalten Sie im Buch TIME LINE von Tad James und Wyatt Woodsmall, erschienen in unserem Verlag. Auskunft über Ausbildungsmöglichkeiten in TIME LINE THERAPY™ oder CREATING YOUR FUTURE™ in Ihrem Land, erteilt **Tad James**; c/o Advanced Neuro Dynamics, Inc.; 1833 Kalakaua Avenue; Suite 908; Honolulu, Hawaii 96815; U.S.A.

CREATING YOUR FUTURE™ und TIME LINE THERAPY™ sind eingetragene Warenzeichen von Advanced Neuro Dynamics, Inc.

Vorwort und Vorschlag des Herausgebers

Oft ist es so, daß sogenannte Erfolgsbücher, also Bücher, die den persönlichen Erfolg garantieren möchten, bis an den Rand gefüllt sind mit guten Ratschlägen oder wohlmeinenden Beispielen. Die Ratschläge sind allerdings meist so gehalten, daß man das Buch ohne Gefahr weiterlesen kann, auch wenn man ihnen nicht folgt; die Beispiele hingegen wecken oft das schlechte Gewissen. Der Autor dieses Buches beabsichtigt dagegen, Sie wirklich in seinen Bann zu schlagen, da er sich vorgenommen hat, mit Ihnen gemeinsam - sofern Sie dieses wirklich wollen - Ihre eigenen Lebenspläne zu schmieden.

1. Die Vorbereitung:
Damit dieses Buch seine ganze Wirkung entfalten kann, sind einige Verabredungen zu treffen. Halten Sie sich bitte sehr genau daran - die Wirksamkeit ist tausendfach erprobt.
- Kaufen Sie sich jetzt gleich ein nicht zu kleines unliniertes Notizbuch, das Sie nur in Verbindung mit dem TIME-COACHING-Buch verwenden.
- Lesen Sie das TIME-COACHING-Buch **nicht** erst einmal durch, auch wenn Sie sehr neugierig sein sollten.

- Nehmen Sie sich Zeit und Ruhe zum Erarbeiten Ihrer Pläne.

- Machen Sie sich immer dann Notizen, wenn die Hauptakteure des Buches auch gerade etwas niederschreiben.

- Ihr Notizbuch begleitet Sie in Zukunft überall hin.

2. Die Annäherung:

Das Buch trägt den Untertitel „Programmieren Sie Ihre Zukunft ... jetzt!". Da Sie es gekauft haben - vielleicht haben Sie es auch geschenkt bekommen -, wird wohl ein bestimmter Anlaß im Raum stehen.

Überlegen Sie daher einmal, was dieser Anlaß sein könnte, und warum er gerade jetzt aktuell ist. Bei nächster Gelegenheit schreiben Sie diese Worte in Ihr persönliches Zeit-Erfolgs-Notizbuch.

Sie sollten wissen, daß der Autor Tad James ein erfolgreicher Persönlichkeits-Trainer ist, der inzwischen rund um die Welt tätig ist. Sein Seminar „The Secret of Creating Your Future™", dessen Basis Sie hier in diesem Buch wiederfinden, hat unzähligen Menschen geholfen, Licht in ihre Zukunft zu bringen.

Auf den ersten Blick mag es Ihnen merkwürdig vorkommen, die Bekanntschaft einer Märchenfigur - einem Zauberer - machen zu können. Wenn Sie sich dadurch auf den zweiten Blick in Ihre Kindheit zurückversetzt fühlen sollten, ist das gut so. Damals lag ein Gutteil dessen, was Sie heute als Vergangenheit bezeichnen müssen, noch als ungeformte Zukunft vor Ihnen.

Und wenn Ihnen einige - vielleicht alle - Lebenswunsch-
träume in Erfüllung gegangen sind, so lag das bestimmt am
„Zauberer", der in Ihrer Phantasie diese Träume so anziehend
gestaltet hat, daß Sie gar nicht umhin konnten, diese Ziele zu
erreichen. Und wenn Ihnen damals -und vielleicht auch gerade
gestern - ein Wunsch nicht in Erfüllung gegangen ist, so lag das
am mangelnden „Zauber" der geplanten Zukunft. Aber ab heute, als erwachsener Mensch, sollten Sie die Gestaltung Ihres
Lebens selbst und selbstverantwortlich in die Hand nehmen.
Werden Sie selbst der „Zeit-Zauberer".

3. Die Zukunft planen:

Während Sie lesen und sich immer wieder durch eigene
Notizen an den Übungen beteiligen, gestalten Sie Ihre Zukunft.
Dieses Buch stößt wirklich bis zum Kern Ihrer Persönlichkeit
vor. Sie werden es erleben, daß Ihre mit Hilfe dieses Buches
gestaltete Zukunft Sie unwiderstehlich in die geplante Richtung
zieht, wobei Sie jederzeit innehalten können, um den Kurs zu
ändern.

Die Zukunft auf diese Weise zu planen, bedeutet nichts anderes, als das Wegräumen von hindernden Barrieren auf dem
Wege ins Morgen. Diese Barrieren können Vorurteile, vorge-
faßte Meinungen, fremde Meinungen, Abhängigkeit von anderen Menschen oder komplizierte innere Wertvorstellungen
sein.

Jeder Mensch hat eine andere Vorstellung von Zeit. Es gibt
keine objektive, sondern nur eine objektivierte Zeit. Da lange
Zeit hindurch diese beiden Begriffe gleichgesetzt wurden,
dachte man auch, daß die Zeit unbeeinflußbar verrinne. Die

zunehmend deutlicher werdende Beschäftigung mit der eigenen subjektiven Persönlichkeit führt den Menschen jetzt auch an „sein Eingemachtes", seine Lebensachse. Und eine entscheidende Beobachtung ist, daß Geschehnisse in der Vergangenheit ihrer negativen Komponenten beraubt, auf die Zukunft hochgerechnet werden können.

Doch dazu bedarf es eines Umdenkens.

4. Das Ziel verfolgen:

Dieses Umdenken wird hier in diesem Buch entwickelt und geübt. Mit Absicht hat der Autor James sich der Kunstform des Märchens - des Märchens für Erwachsene - bedient. Einfach aus zwei Gründen: 1. Es geht um etwas, was die Menschheit von Kindesbeinen an kennt; 2. Es gilt, den Leser durch Überraschung in den Bann zu schlagen.

Wenn Sie das Buch gelesen haben, und Ihr Notizbuch voll persönlicher Geheimnisse Sie überallhin begleitet, sollten Sie des öfteren an Milon und den Zauberer zurückdenken. Die beiden haben Ihnen auch vorgespielt, wie es ist, sich dem Ziel zu nähern. Und wie die ganz persönliche Zeit-Linie als Kontroll-Instrument benutzt werden kann.

5. Die Freude am Erfolg:

Erfolg haben bedeutet in erster Linie, Freude verspüren zu können, und zwar unbändige Freude, wenn der Erfolg groß ist. Üben Sie schon einmal, damit Sie nicht mit leeren Händen dastehen, wenn der Erfolg direkt vor Ihrer Tür eintrifft.

Klaus Marwitz als Herausgeber. *Kiel, Ostern 1992*

VORWORT

Dies ist die Geschichte von Milon. Er ist ein Freund von mir. Während ich ihn im Laufe der Jahre näher kennengelernt habe, konnte ich miterleben, wie er gewachsen ist: Er entwickelte sich von einem scheuen, ruhigen und zurückhaltenden in einen zuversichtlichen, selbstsicheren und kompetenten Menschen. Heute ist er äußerst erfolgreich auf dem Gebiet seiner Wahl.

Das Wissen, das in diesem Buch enthalten ist, handelt von Milons Wachstum. Darüber hinaus geht es hier um die Beantwortung der Frage, wie man Resultate für sein Leben erzielt, und zwar in der realen Welt - der wirklichen Welt, in der man nicht alle Zeit hat, die man sich wünscht, um die Dinge tun zu können, von denen man weiß, daß man sie tun muß, um erfolgreich zu sein.

Anmerkung: Wie Sie schon jetzt an der Länge und dem seltsamen Aufbau der Sätze und Worte bemerken können, handelt es sich hierbei nicht um ein Buch wie jedes andere: Die Geschichte dieses Buches ist nach den Regeln einer „Ericksonschen Grammatik" geschrieben. Sie führt den Leser zu größerer Aufmerksamkeit (um so mehr, falls man es vorgelesen bekommt), damit es seine aufbauende Wirkung voll entfalten kann. Alle scheinbaren Fehler im Gebrauch der Worte, seltsam verschachtelte Sätze, die unverhofft abbrechen, um sich auf andere Weise fortzusetzen, und andere Ungereimtheiten sind vom Autoren Tad James beabsichtigt und liegen im ureigensten Interesse des Lesers. *Der Herausgeber*

Verwenden Sie dieses Buch als einen Rahmen, den Sie für sich ausbauen können. Seien Sie kreativ und trauen Sie dabei Ihren Instinkten und Intuitionen. Es gibt eine unendliche Anzahl von verschiedenen Möglichkeiten, bei denen Sie die hier beschriebenen Prinzipien zur Anwendung bringen können. Sie selbst wissen weit besser als irgend jemand sonst, was Sie brauchen, um das zu erhalten, was Sie sich erwünschen.

Lassen Sie uns beginnen.

1

MILONS GEHEIMNIS

Milon legte sein Notizbuch weg und schaute aus dem Fenster. Es war das Notizbuch, das der Zauberer ihm gegeben hatte. Milon spürte ein tiefes Gefühl des Glücks in sich, denn er besaß etwas ganz Besonderes - das Wissen um das Geheimnis, wie man die Zukunft erschafft. Nur wenige Menschen in seinem Land ahnten auch nur davon, und Milon wußte: Dieses Geheimnis zu besitzen war ein großes Glück für ihn.

Die Gabe, wirklich zu beschließen, was er wollte, um es dann in seine Zukunft hinein festzulegen, war etwas, das er mittlerweile schon als normal empfand. Nicht daß er diese Fähigkeit für selbstverständlich gehalten hätte. Die meisten Menschen in seinem Land wußten wie gesagt nicht einmal, daß es überhaupt möglich war, die eigene Zukunft zu erschaffen.

Milon hörte, wie sie sich über ihren Mangel an Einfluß im Angesicht der Natur, der Ereignisse und anderen Leute gegenüber, beklagten. Er sah, daß sie die Mittel, mit denen sie den Verlauf ihrer eigenen Zukunft, und der Zukunft anderer, hätten beeinflussen können, einfach vergaben. Er sah, wie die Menschen an Schuldgefühlen, Ängsten, Befürchtungen und Mangel an Selbstvertrauen litten. Milon war klar, daß es ein

Leiden und Kämpfen war. Dabei wußte er, daß sein Leben so viel bequemer als ihres war; und er fragte sich, ob er ihnen helfen konnte.

Er wußte auch - obwohl seine täglichen Probleme noch nicht völlig ausgeräumt waren -, daß seine Angst vor der Zukunft verschwunden war; und er war sich vollkommen darüber im Klaren: Er hatte die Kontrolle über sein Leben. Er wußte, daß er jenen schwer zu erlangenden Zustand erreicht hatte, den man „Selbst-Kontrolle" nennt. Wie man sieht, besaß also Milon die Fähigkeit zu entscheiden, was er wollte, um dann seine Zukunft so zu programmieren, daß das auch eintrat. Und das war es. Was immer er sich auch wünschte, er konnte es haben.

Natürlich war er darauf bedacht, die Anweisungen aufs Wort zu befolgen. Er wich nicht von ihnen ab. Nicht einen Buchstaben. Nicht einen Punkt oder Komma. Er machte alles genauso wie angegeben. All das, was er Jahre zuvor von dem Zauberer gelernt hatte. Denn eines der Dinge, in denen Milon gut war, war das Befolgen von Anweisungen; und einer der Nebeneffekte der ganzen Sache war, daß er Ereignisse in der Zukunft bis zu einem gewissen Grad voraussagen konnte.

In seinem Land war die Selbstkontrolle ein seltenes Gut. Die Leute waren nicht immer so unbeherrscht in ihren Handlungen gewesen. Aber im Verlaufe der letzten drei oder vier Generationen hatten sie viel von der Disziplin verloren, die die davorliegenden Generationen so hoch geachtet hatten. Milon machte das nichts aus, da er nicht besonders urteilerisch war. Milons Freunde, besonders Glenda und Flain, lobten ihn wegen seiner Disziplin. Er hingegen sah es nicht als Disziplin an. Für ihn bestand es einfach darin zu wissen, was er wollte, um das dann zu verfolgen.

Die beiden jedoch sahen es als etwas Geheimnisvolles und wollten wissen, wie man das fertigbrachte. Es gab nichts Mysteriöses am „Programmieren der Zukunft", wenn man erst einmal wußte, wie man es macht. Es konnte einem schon seltsam vorkommen, wenn man die Vorgänge und Techniken nicht kannte. Dann erschien es einem als besonders geheimnisvoll. Nachdem man aber wußte, wie man es macht, war es wirklich ziemlich einfach.

„Der Prozeß" war natürlich hilfreich: Der Prozeß - die Information, die er vor so langer Zeit von dem Zauberer erhalten hatte. Das war der einzige Name, den er von ihm kannte: „Der Zauberer." ... klang geheimnisvoll. Vielleicht geheimnisvoller, als es nötig war. Milon hatte auf einer seiner langen inneren Reisen Kontakt mit dem Zauberer aufgenommen. Er liebte es, seine eigene innere Welt zu erforschen, und auf einer dieser inneren Reisen hatte er so den Zauberer getroffen. Auf diese Weise hatte er die Anleitung dazu erhalten, wie man seine Zukunft erschafft.

Während der Zauberer ihm beibrachte, wie man die Zukunft erschafft, hatte er Milon ein altes Stück Pergament übergeben, das ihm die sieben „Rahmen" oder „Bedingungen" zur Erschaffung der Zukunft eröffnete. Der Zauberer nannte sie die sieben „Rahmen":

Die sieben Bedingungen

1. Die erste Bedingung erfüllt man so:
»*Übernimm die Verantwortung dafür, daß du da bist, wo du jetzt bist!*«

2. Die zweite Bedingung erfüllt man so:
»*Kläre deine Werte!*«

3. Die dritte Bedingung erfüllt man so:
»*Schreibe nieder, was du willst!*«

4. Die vierte Bedingung erfüllt man so:
»*Bereinige deine Erinnerungen an vergangene Ereignisse, die nicht mit dem übereinstimmen, was du willst!*«

5. Die fünfte Bedingung erfüllt man so:
»*Programmiere deine Zukunft, indem du auf deiner Zeit-Linie Erinnerungen für deine Zukunft erzeugst!*«

6. Die sechste Bedingung erfüllt man so:
»*Bringe deine Gedanken in Übereinstimmung mit deinen Zielen!*«

7. Die siebte Bedingung erfüllt man so:
»*Mache alles, was du tust, hundertprozentig! Bringe 100%*«

Der Zauberer hatte ihm dann gezeigt, wie er seine persönliche „Zeit-Speicherung" und auch die Zeit-Aufzeichnung des Universums beeinflussen konnte: Indem er Veränderungen in dem eigentlichen System vornahm, mit dem seine Zukunft auf seiner Zeit-Linie festgelegt wurde. Milon erinnerte sich daran, wie er über der Frage nach der Vorbestimmung, der der freie Wille des Menschen gegenüberstand, gegrübelt hatte, bevor er etwas über Zeit-Linien erfahren hatte. Jetzt aber war er sicher, daß was auch immer auf seiner Zeit-Linie lag, dazu bestimmt war, zu geschehen. Er war sich jedoch dessen genauso sicher, daß er selbst die vollständige Kontrolle über seine Zeit-Linie innehatte - und auf das, was sich darauf befand.

Milons Freunde hatten ihn oft gebeten, daß er ihnen beibringen sollte, was er mit seiner Zeit-Linie machte, wenn er seine Zukunft programmierte, und er wollte es auch. Aber er war sich noch nicht sicher, ob ihm das erlaubt war. Der Zauberer hatte ihm nicht ausdrücklich die Erlaubnis erteilt, andere darin zu unterrichten, was er schon wußte; und obwohl Milon sich darüber im Klaren war, daß seine Freunde seine Hilfe brauchten, erlaubte es ihm seine Integrität oder Selbstachtung nicht, es anderen beizubringen, bevor er die Erlaubnis dazu hatte.

Er wollte trotzdem seinen Freunden helfen, weil er sehr tief mit ihnen fühlte. Denn er liebte seine Freunde natürlich, und sie hatten ihn ziemlich bedrängt.

Milon begann sich zu fragen, ob das, was er von dem Zauberer gelernt hatte, nicht doch etwas war, was er auch anderen beibringen durfte. Er selbst hatte es nicht auf eine Weise gelernt, die man als systematisch oder organisiert bezeichnen könnte. Er hatte auch noch nicht einmal darüber nachgedacht, wie man das Material ordnen könnte. Aber er wußte, daß das, was er hier hatte, etwas war, das andere Menschen einfach lernen mußten. Die Welt mußte erfahren, was Milon wußte, einfach weil es das Leben von so vielen Menschen um so vieles leichter und besser machen würde.

Milon hatte in der Vergangenheit so viele Versuche unternommen, wieder Kontakt mit dem Zauberer aufzunehmen, um die Erlaubnis zu erhalten, sein Geheimnis mit der Welt zu teilen, aber ohne Erfolg. Der Zauberer hatte schon eine ganze Weile nicht mehr geantwortet. Milon wollte jedoch nicht aufgeben, und er beschloß etwas zu tun, um sein Verlangen danach zu bekräftigen, daß er diese Technik der Welt mitteilen wollte. So schrieb er sein Ziel in das Notizbuch, das ihm der Zauberer gegeben hatte. Er schrieb es von da an einmal in der Woche nieder:

»Ich habe mit dem Zauberer gesprochen, und er hat mir die Erlaubnis erteilt, die Menschen auf der Welt das Geheimnis zu lehren, damit ich ihnen helfen kann ihre Ängste, Befürchtungen und Schuldgefühle loszuwerden; und auch, damit ich ihnen zu mehr Selbst-Kontrolle verhelfen kann, so daß sie das im Leben erhalten, was sie wollen und glücklich sein können.«

Dann schloß er seine Augen und erzeugte ein Bild, das sein Ziel zeigte, nämlich daß er bereits mit dem Zauberer geredet hatte. Dann „ging" er in seinen Körper hinein und spürte, wie es sich anfühlte, die Erlaubnis erhalten zu haben. Nun setzte er das Bild eine Woche in die Zukunft, machte ein paar letzte Abstimmungen - und während er dieses Bild in seine Zeit-Linie in der Zukunft einfügte, stieg er aus seinem Körper heraus, sodaß er sich jetzt selbst in dem Bild sehen konnte. Nachdem er das getan hatte, schaute er von dort zurück ins Jetzt, um so sicherzustellen, daß die zur Erfüllung seines Zieles notwendigen Ereignisse erzeugt würden. Dann öffnete er seine Augen.

Während die Woche dahinschlich, vergaß Milon, was er programmiert hatte. Denn das war auch ein Teil der ursprünglichen Anleitungen. Als sich die Zeit mehr und mehr dem Punkt näherte, an dem die Woche abgelaufen war, war Milon immer noch zuversichtlich. Schließlich hatte es jedes Mal vorher auch funktioniert. Aber immer noch kein Zauberer. Während die Uhr die letzte Stunde bis zum Verstreichen der einwöchigen Frist tickte, setzte Milon sich wieder hin und fing an, alles was er getan hatte, noch einmal an sich vorbeiziehen zu lassen. So stellte er sicher, daß er seine Zukunft in strenger Übereinstimmung mit den Anweisungen programmiert hatte. Er wollte ganz sicher sein, daß er auch wirklich alles richtig gemacht hatte. Als er sein Notizbuch öffnete, erschienen dort auf der Seite, genau unter der Stelle, an der er sein Ziel aufgeschrieben hatte, wie durch Zauberei, die Worte:

»Du allein, Milon, sollst damit beginnen, das Geheimnis, wie man seine Zukunft programmiert, deinen Freunden mitzuteilen. Zeige ihnen, wie sie ihr Leben besser gestalten können. Tue das, und ich werde dich in das Geheimnis einweihen, wie du der Zauberer werden kannst.«

2
MILONS PLAN

Milon war von Ehrfurcht ergriffen. Er hatte mehr erhalten, als er erwartet hatte. Nicht nur war ihm die Erlaubnis gewährt worden, sondern darüberhinaus auch noch ein starker Anreiz für die Zukunft. Und dann begann er darüber nachzudenken, was er getan hatte. Die Ungeheuerlichkeit des Projektes brach über ihn herein, und er bekam es mit der Angst zu tun. Nicht, daß ihm Angst fremd gewesen wäre, aber sie war ihm ein seltener Gast.

Er fragte sich: »Milon, was hast du getan? Worum hast du gebeten? Wem hast du zugestimmt? Kannst du das machen? Und wer bist du, Milon, das zu tun?« Sein Verstand raste. Immer schneller und schneller. Und da erinnerte er sich an die grundlegende Regel.

Grundlegende Regel:

»Ich trage die Verantwortung für meine Gedanken (und meinen Geist) und daher für meine Ergebnisse.«

So gewann er die Kontrolle über seine Gedanken. Er nahm einen tiefen Atemzug und blies die Luft durch seinen Mund aus; bevor er wieder begann einzuatmen, hielt er einen Moment inne. Er dachte an all die vielen Male in der Vergangenheit, als er erfolgreich gewesen war.

Er erinnerte sich an all diese vergangenen Erfolge, wo er genau das bis zum glücklichen Ende durchgeführt hatte, was er angefangen hatte. Während er sich noch einmal seiner Erfolge bewußt wurde, indem er darüber nachdachte - einen nach dem anderen -, fing er an, sich wieder besser zu fühlen.

Milon wußte, daß er sich einen Plan zurechtlegen mußte, in dem er festlegte, wie er sein Geheimnis mit seinen Freunden teilen könnte. Er wußte auch, daß der Zauberer ihn noch tiefer in seine Geheimnisse einführen würde, wenn er seine Sache gut machen würde, und das würde sein eigenes Leben besser machen; also begann er damit sich auszumalen, wie er der Welt das Wissen über die Zeit-Linie und die Programmierung der Zukunft lehren wollte.

Milon beschloß, den ganzen Prozeß noch einmal von Grund auf für sich selbst zu wiederholen, bevor er eine so wichtige Aufgabe in Angriff nahm; und so übernahm er die Verantwortung dafür, wo er jetzt war. Für Milon war dieser Tag ein freudiger Prozeß, denn er wußte, ohne auch nur den Schatten eines Zweifels, daß er selbst diesen Tag geschaffen hatte.

Er erinnerte sich daran, wie ihm der Zauberer die erste Bedingung genannt hatte:

> *»Übernimm die Verantwortung dafür, wo du bist!«*

Der Zauberer sagte: »Der erste Schritt, um das zu erhalten was du willst, und ich zögere es zu sagen, aber ich glaube, daß es wichtig ist, das zu sagen - der erste Schritt um zu haben, was man will im Leben besteht darin, die Verantwortung für das eigene Leben, wie es jetzt ist, zu übernehmen.«

»Das ist wirklich wichtig, weil du dich selbst in dem Maße, in dem du diese Verantwortung für dein jetziges Leben ablehnst, der Macht beraubst, es so zu gestalten, wie du es haben willst. In dem Ausmaß, wie du die Verantwortung nicht übernimmst, verleugnest du deine Fähigkeit, in der Zukunft das zu haben, was du willst. Also, ob du nun verantwortlich bist, oder nicht - handle als ob du verantwortlich wärest! Denn das verleiht dir die Kraft zu wählen, wie du wünschst, daß es sein sollte.«

Indem Milon sich daran erinnerte, wie er die zweite Bedingung gelernt hatte, rief er sich ins Gedächtnis zurück, was der Zauberer gesagt hatte:

> »Kläre deine Werte!«
> (»Entscheide, was dir wirklich wichtig ist.«)

Als nächstes fragte sich Milon also: »Was ist wichtig bei diesem Projekt, im Zusammenhang mit dem, was ich hier mache?« Dabei öffnete er das Notizbuch, das der Zauberer ihm gegeben hatte. Und er schrieb oben auf die Seite: „**Werte: Was ich tue**", und er dachte: »Was ist mir wichtig bei diesem Projekt im Zusammenhang mit dem Geschäftlichen, meinem Job, meiner Entwicklung? Was ist mir wichtig an dem, was ich tue?«

25

Ergebnisse?   Freiheit?

Sicherheit?

Geld?   **WERTE**   Wachstum?

Spaß?

Zufriedenheit?   Erfolg?

Kreativität?   Integrität?

Er schrieb seine Werte etwa so auf:

Werte: „Was ich tue"

Karriere-Werte:

6 Beitrag

4 Ein Spiel, das sich lohnt

7 Respekt

3 Es ist interessant

5 Herausforderung

8 Ausgleich / Entgelt

1 Ergebnisse

2 Unabhängigkeit

9 Kommunikation

Dann numerierte er die Werte so, wie er es sah, entsprechend ihrer Bedeutung, indem er sich fragte: »Welcher der obigen Werten ist mir der wichtigste?«

Dann schrieb er seine Liste noch einmal neu auf, so daß sie etwa so aussah:

Ergebnisse
Unabhängigkeit
Es ist interessant
Ein Spiel, das sich lohnt
Herausforderung
Beitrag
Respekt
Ausgleich / Entgelt
Kommunikation

Milon erkannte auch, wie wichtig es war, ein Gleichgewicht in seinem Leben zu haben, also begann er damit, herauszuschälen, was ihm in anderen Bereichen seines Lebens wichtig war.

So schrieb er zuerst auf, was ihm bei seinen persönlichen Beziehungen wichtig und bedeutend war.

Beziehungen:

Liebe

Kommunikation

Gemeinsame Interessen

Spaß

Lachen

Nähe

Anteilnahme

Freundschaft

Schönheit

Als nächstes schrieb er auf, was ihm wichtig war, wenn es um seine Gesundheit und Fitness ging.

Gesundheit und Fitness:

Starke Gesundheit
Flexibilität
    Rücken
    Beine
    Arme
Herz-Kreislauf-System
    - Flexibilität
    - Stabilität
Gut aussehen

Und persönliches Wachstum:

Persönliches Wachstum:

Lernen

Expansion

Kompetenz

Interesse

Aufregung/Spannung

Herausforderung

Etwas wissen, was nicht jeder
*   weiß*

Gute Lehrer

Und der Zweck seiner spirituellen Übungen:

Spiritualität:

Die Fähigkeit, fortzuschreiten
Resultate
Bewußtseins-Erweiterung
Erfahrung
Gute Lehrer haben
Einheit erreichen
 - persönlich
 - mit dem Universum
Universelle Wahrheit finden

Als nächstes fing Milon an darüber nachzudenken, was er sich für die Zukunft von seinem Projekt erhoffte und wollte, und so erinnerte er sich wieder an die nächste Bedingung:

»Schreibe nieder, was du willst!«

Als der Zauberer ihm das gesagt hatte, tat er es mit den Worten:»Das ist die nächste Bedingung - zu entscheiden, was du willst. Für manche ist das eine schwierige Aufgabe. Manche Menschen finden es einfach, die Verantwortung zu übernehmen und herauszufinden, was ihnen wichtig ist. Wenn aber der Zeitpunkt kommt zu sagen, was man will, sind sie sich auf einmal nicht mehr so sicher.«

»Man kann beschließen, was man will, oder man bekommt eben, was man bekommt. Darüberhinaus ist es so: Wenn man genau festlegt, was man will, legt man zumindest eine Art Landkarte mit der Richtung dafür fest, was man will. Des weiteren hat man auf diese Weise dem Universum Anweisungen erteilt, bestimmte Resultate hervorzubringen; und letztlich kann man so zumindest seinen Fortschritt messen. Wenn du wartest bis du 80 Jahre alt bist, ist es zu spät für dich, um zu entscheiden, was du willst.«

Milon hielt einen Moment inne, um sich an den Tag zu erinnern, an dem der Zauberer ihm die Bedingungen für „**smarte**", also schlaue Ziele genannt hatte. Er dachte daran, als sei es heute.

S.M.A.R.T.'E Ziele
(schlaue Ziele)

S Spezifisch
     Einfach

M Meßbar
     Bedeutungsvoll

A Alle Lebensbereiche
     Als ob jetzt

R Realistisch
     Verantwortlich

T »GeTimed«
     Auf das zu, was du willst

Milon wußte, daß er bei seinen Zielsetzungen Ziele aufschreiben mußte, die einfach und genau festgelegt waren.

Er erinnerte sich daran, wie der Zauberer zu ihm gesagt hatte:»Es ist wirklich sehr wichtig, daß du sehr spezifisch bist, wenn du dir ein Ziel setzt. Wenn du etwas willst, sei spezifisch.«

»Z.B. das Ziel: „Ich würde gerne mehr Geld haben", ist nicht spezifisch genug, denn wenn du einen Tag bevor du stirbst, auch nur einen Pfennig mehr hast - dann hättest du mehr Geld gehabt. Ich kann dir persönlich garantieren, daß du in diesem

Land, sogar wenn du nichts tust, mehr Geld machen wirst. In deinem Land ist es beinahe unmöglich, nicht mehr Geld zu machen.«

»Du mußt spezifisch sein, weil das Universum dir liefert, was du verlangst. So funktioniert das Universum. Siehst du, Milon, das Universum ist reine Intelligenz. Die Natur selbst muß als ein lebendiger Organismus gesehen werden. Sie verfolgt einen Zweck und besitzt eine tiefe Intentionalität. In seinen innersten Tiefen arbeitet das Universum wie ein Informations-Prozessor. Diese Information fließt durch und um alle biologischen Prozesse herum. Alle Dinge sind ganz eng und unendlich miteinander verknüpft.«

»Realität, das ist nicht das, was du siehst, sondern es ist aus Schwingungen zusammengesetzt. Diese Frequenzen können verändert werden, und Tatsache ist, daß das Universum ganz einfach durch deine Aufmerksamkeit beeinflußt und damit verändert werden kann. Das Universum ist in dieser Hinsicht wie dein Körper. Es wird dir geben, worauf du bestehst. Wenn du auf Mehrdeutigkeit bestehst, wirst du genau das erhalten. Sei also spezifisch und halte deine Anweisungen einfach.«

An diesem Punkt bemerkte Milon, daß sich alles in seinem Kopf zu drehen begann. Aber er brauchte sich gar nicht unbedingt daran zu erinnern, was der Zauberer genau gesagt hatte; denn es einfach nur zu hören, hatte bereits sein Nervensystem verändert.«

Der Zauberer fuhr fort: »Das Nervensystem in deinem ganzen Körper liefert dir was immer du ihm angibst, das es dir liefern soll; und was es dir gibt, das bringt es dir in Form deiner Handlungen.«

»Es ist wirklich ganz einfach. Wenn du einen Gedanken hast in deinem Kopf, wird dieser Gedanke deine Physiologie, also dein körperliches Befinden beeinflussen und er wird dir das liefern, was immer du willst. Also brauchst du nur ganz spezifisch zu sein in dem, was du willst, weil dein Körper und das Universum dir geben werden, was immer es dir liefern kann.«

»Wenn du einfach „mehr Geld" sagst, könntest du einen Pfennig mehr erhalten. Also, was heißt spezifisch? Wenn du von spezifisch redest, sage nicht einmal „Ich will tausend Mark mehr im Monat" oder zehntausend Mark mehr im Monat. Setze das Ziel fest auf die Art und Weise, wie du es willst. Sage es so, wie du es willst. Sage „Ich mache jetzt X Mark pro Monat." Das ist auch meßbar.«

»„Meßbar" geht Hand in Hand mit spezifisch. Der Grund für die Meßbarkeit liegt darin, daß du weißt, wann du da bist. Manche Menschen beschließen: „Ich möchte glücklich sein." Das will jeder, aber Glück ist ein Zustand. Er hat nichts mit dem zu tun, was du hast.«

»Also stelle sicher, daß das, was du willst, Bedeutung für dich hat. „Bedeutung" heißt: „Es ist dein. Es ist dir ungeheuer wichtig, eine wirklich bedeutende Sache für dich. Du willst es, und deshalb hast du es."«

»So oft erreichen Menschen ihre Ziele nicht, obwohl sie sie aufschreiben. Sie sagen einfach: „Ich habe es nicht bekommen." Aber wenn du sie fragst: „Hast du es wirklich gewollt?" - wirst du wahrscheinlich herausfinden, daß sie sagen: „Nein, nicht wirklich unbedingt." Stelle sicher, daß du das wirklich willst, von dem du glaubst, daß du es willst.«

»Balance oder Ausgeglichenheit ist wichtig im Leben. Sorge dafür, daß du nicht einfach nur arbeitest, sondern daß du auch genügend Freizeit hast. Daß du gute Beziehungen hast, Bewegung und dergleichen. Stelle sicher, daß du für alle Lebensbereiche planst.«

»Schreibe deine Ziele so hin, „als wenn es jetzt wäre", nicht in der Zukunft.«

»Ein anderer wichtiger Punkt beim Ziele-Setzen ist, daß sie alle Lebensbereiche betreffen. Das trägt dazu bei, daß wir ausgeglichen sind.«

»„Realistisch"«, sagte der Zauberer, »heißt einfach, daß du unter den gegebenen Umständen in deinem Leben selbst bestimmen kannst, daß es möglich ist, sie zu erreichen. Aber manche Menschen stecken sich Ziele - und die Art und Weise, wie sie diese Ziele setzen, besteht darin, daß sie die Ziele so festlegen, daß sie unweigerlich scheitern müssen. Sie setzen sich selbst unrealistische Ziele, um sich selbst etwas zu beweisen.«

»Das ist nicht die richtige Art sich Ziele zu stecken. Die richtige Art besteht darin, die Ziele so zu setzen, daß sie erreichbar sind.«

»„Verantwortlich" bedeutet, daß deine Ziele sowohl für dich, als auch für den Planeten gut sind. Ein anderes Wort dafür könnte „ökologisch" lauten. Die Ökologie zeigt die Wirkungen deiner Handlungen auf das größere System auf.«

»Verantwortlich heißt ökologisch für dich als ein einzelnes Wesen für alle Teile deines Lebens; es heißt auch, daß du selbst die Wirkung deiner Handlungen auf die Leute um dich herum, auf deine Stadt, deinen Staat, deine Nation, die Welt und das Universum mit in Betracht ziehst.«

»Wann immer du etwas, das du willst, in dein Notizbuch schreibst, sorge dafür, daß du ein Datum dazu schreibst. Etwas, das ohne Datum hingeschrieben wird, sitzt einfach irgendwo da in deiner Zukunft, und du kommst ihm keinen Schritt näher.«

»Schließlich«, sagte er, »stelle wirklich sicher, daß du es so ausdrückst, wie du es willst. Also nicht so, wie du es nicht willst, sondern genauso, wie du es willst. Das ist am wichtigsten.«

So schlug Milon eine neue Seite in seinem Notizbuch auf. Er schloß seine Augen und in seinem Geist stellte er sich vor, wie er hinaus in die Zukunft reiste. In seiner Vorstellung ging er auf seiner Zeit-Linie zehn Jahre weit hinaus in seine Zukunft.

Milon wollte zuerst mit dem großen Bild in Berührung kommen. Er wollte entdecken, was die Zukunft ihm wirklich bringen würde. Auf dem Weg zurück von jenen zehn Jahren hielt er bei jedem größeren Meilenstein inne, um etwas aufzuschreiben.

Er legte einfach in jedem Jahr an, wo er es wollte. Anhalten und sich umschauen.

So war der Vorgang einfach. Alles was er zu tun brauchte, war aufzuschreiben. Er schrieb Seite um Seite seine Ziele auf, in zehn, in sechs und in drei Jahren, in einem Jahr, für sechs, für drei und für einen Monat. Und während er das niederschrieb, sorgte er dafür, daß die Ziele, die er festlegte „S.M.A.R.T." waren.

Dies sind Milons Ziele für zehn Jahre:

Ziele für zehn Jahre

Ich bin jetzt 7 Jahre verheiratet

Ich unterrichte jetzt weltweit

Ich mache 100000 Mark im
Monat

Wir besitzen eine 4-Zimmer-
Wohnung in einer schönen
Wohngegend

Ich fahre einen ZX003 (Sport-
wagen)

Ich bin der Zauberer

Ich bin Autor mehrerer Bücher.

Dies sind Milons Ziele für sechs Jahre:

Ziele für sechs Jahre

Ich bin jetzt 3 Jahre verheiratet
Ich unterrichte jetzt in siebzehn
    Ländern
Ich verdiene 60000 Mark im
    Monat
Wir haben gerade ein neues Haus
    in einer schönen Wohngegend
    erworben
Ich lerne zusammen mit einem
    Lehrling beim Zauberer
Wir planen eine Familie.

Dies sind Milons Ziele für drei Jahre:

Ziele für drei Jahre

Ich habe gerade geheiratet
Ich unterrichte erfolgreich und
wir sind jetzt in neun
Ländern aktiv
Ich verdiene 30000 Mark im
Monat
Wir sparen für die Anzahlung
für unser Haus
Der Zauberer ist mit meiner
Arbeit zufrieden.

Dies sind Milons Ziele für ein Jahr:

Ziele für ein Jahr

Ich habe gerade eine wunderbare
Frau getroffen
Ich habe gerade den Rahmen für
meine Seminare abgesteckt
und wir beginnen mit dem
Training
Der Zauberer hat das Training
überprüft und für gut
befunden
Ich fange damit an, ein Netzwerk
für das Training aufzubauen
- innerhalb eines Jahres sind
wir in drei Ländern tätig.

Dies sind Milons Ziele für sechs Monate:

Ziele für sechs Monate

Ich bin mittlerweile ziemlich
gesellig und treffe eine Menge
aufregende und interessante
Leute – durch diese Kontakte
werde ich meine Frau kennen-
lernen sowie andere
Menschen, die mich beim
Training unterstützen werden
Ich lerne und wachse in dem
Wissen, daß ich bald andere
unterrichten werde.

Dies sind Milons Ziele für drei Monate:

Ziele für drei Monate

Während der nächsten sechs
  Monate wird mein Leben ganz
  von der Planung des
  Trainings eingenommen sein
Ich lerne mehr und finde heraus,
  was ich zu tun habe, um eine
  Veränderung im Leben der
  Menschen bewirken zu können
Was ich dazu brauche wird mir
  gegeben.

Dies sind Milons Ziele für einen Monat:

Ziele für einen Monat

In den nächsten 30 Tagen werde
ich die Planung der nächsten
zehn Jahre abschließen und
damit auch die Arbeit an
meinen Zielen und meinen
Projekten, und zwar auf eine
Art und Weise, die ihr
Erreichen sicherstellen.
Ich werde jedes Programm, das
ich benötige, durchführen.
Ich werde in mich selbst
investieren, um den Erfolg zu
garantieren.

Milon erinnerte sich jetzt wieder an die nächsten Worte des Zauberers: »Die nächste Bedingung besteht darin, seine Vergangenheit zu klären. Dies ist einer der Schritte, den viele Menschen einfach auslassen. Dabei ist er einer der wichtigsten.«

»Wenn du bestimmte Überzeugungen hast, die das nicht unterstützen, was du als Ziel für deine Zukunft aufgeschrieben hast, dann wirst du wahrscheinlich nicht das erhalten, was du willst. Mit deiner Vergangenheit aufzuräumen - eingeschlossen deine Überzeugungen, deine Einstellungen und deine Entscheidungen - wird dir dabei helfen, die Vergangenheit in Einklang mit dem zu bringen, wozu du dich gerade entschieden hast - nämlich dem, was du in der Zukunft und Jetzt für dich erreichen willst.«

Milon fühlte sich gestärkt, als er begann den Prozeß durchzuführen, der so viele Male vorher gewirkt hatte. Und er erinnerte sich an die genauen Worte der nächsten Bedingung:

> »Bereinige und kläre alle diejenigen Erinnerungen in deiner Vergangenheit, die nicht mit dem übereinstimmen, was du willst!«

Er fing an, indem er eine Liste aufstellte. Darauf bezogen, wo er sich jetzt befand, stellte er sich die Frage: »Wie lautet meine Einstellung zu den folgenden Punkten?«

Zeit
Geld
Mißerfolg/Versagen
Erfolg
Macht

Zeit

> »Manche Leute haben genug Zeit, manche nicht. Wir alle haben alle Zeit, die es gibt.«

Geld

> »Geld ist das Ergebnis meiner Überzeugungen, Entscheidungen und Gedanken über Geld.«

Versagen

> *» Es gibt kein Versagen, es gibt nur Ergebnisse und Resultate. Ich kann nicht versagen, sondern nur lernen. «*

Erfolg

> *» Erfolg ist mir sicher, wenn ich das zu Ende bringe, was ich tun kann. «*

Macht

> *» Macht in Verbindung mit Liebe verwendet, wird von denjenigen willkommen geheißen, die sie erfahren. «*

Jedes Mal, wenn er einen Problembereich fand, fragte er sich: »Was ist die Ursache für dieses Problem?« Und er begab sich gleich zurück auf seiner Zeit-Linie und bereinigte dieses Problem, indem er die Negativität in diesem Bereich neutralisierte.

Milon wußte, er konnte ganz bestimmt darauf vertrauen, daß ihm sein Unbewußtes die Informationen geben würde, die er brauchte, um den Prozeß des Bereinigens aller Hindernisse in seiner Vergangenheit zu vervollständigen.

Milon wußte auch, daß das es ihm ermöglichen würde, die nächste Bedingung leicht zu erfüllen:

> »Bringe deine Gedanken in Übereinstimmung mit deinen Zielen!«

»Wo du negative Gedanken zu deinen Zielen und deinem Fortschritt hegst, dort lasse **Reflexion über das Gegenteil** walten!«

Der Zauberer hatte ihm auch eine Übung aufgetragen, mit der er die Anzahl und Schwere seiner negativen Gedanken verringern konnte. Diese Übung drehte sich um das Eliminieren dessen, was in seinem Leben unvollständig war, also schrieb er alle diese Dinge auf, und zwar:

Angefangen, aber noch nicht daran gearbeitet

Meine Doktor-Arbeit

Mein Programm für persönliches Wachstum

Regelmäßige spirituelle Übung

Zwei Bücher schreiben

Regelmäßige Beschäftigung mit Gesundheit und Fitness

Schon fortgeschritten, aber noch nicht vollständig

Mein Training mit dem Zauberer

Die Wände meines Zimmers neu streichen

Meine Steuererklärung aufstellen

Fast vollständig, aber immer noch nicht beendet

Danksagung und Anerkennung an meine Lehrer, diejenigen eingeschlossen, die ich nicht in Person als Lehrer in Anspruch nehmen konnte

Dinge, die ich noch nicht habe beginnen können

Eine Familie – heiraten – und!!
eine Beziehung
Meinen Eltern Dank sagen – die
Verbindung wieder aufnehmen

Dinge, die ich noch nicht habe ändern können

Nichts – ich kann alles in
meinem Leben ändern!

Dinge, mit denen ich noch nicht habe aufhören können

Ich habe noch nicht mit dem Rauchen aufhören können - ich habe es versucht, und ich weiß, ich muß damit Schluß machen!
Ich muß damit aufhören, Junk-Food (minderwertige Nahrungsmittel) zu essen! - besonders Gebratenes!

Als er die sechs Listen fertig hatte, begann Milon sofort damit, die Dinge zu vervollständigen, die noch nicht vollständig waren. Diejenigen Angelegenheiten, die er in sich selbst vervollständigen konnte, erledigte er sofort. Andere Dinge erforderten es, daß er mit anderen redete oder ihnen Briefe schrieb.

Er erinnerte sich daran, daß der Zauberer zu ihm gesagt hatte: »Alle unvollständigen Dinge in deinem Leben berauben dich der Macht und Energie, die du brauchst, um zu erhalten, was du willst. Wenn du also kannst, sei immer vollständig.«

Während er die sechste Bedingung erfüllte, machte sich in Milon langsam ein Gefühl von Heiterkeit breit, und er wußte, daß er bereit war, sich mit der nächsten Bedingung zu befassen:

»Bringe immer 100%!«

Denn es war ihm wieder die Lehre des Zauberers eingefallen: »Bringe 100%! Das macht dein Leben bedeutender und bringt dir mehr Spaß. Wenn du dich zurückhältst und nicht die vollen 100% bringst, hältst du dich selbst vom Erreichen deiner Ziele ab. In dem Ausmaß, in dem du nicht bereit bist 100% zu bringen, baust du dir selbst die Blockaden auf, die dich davon abhalten hundertprozentig zu leben. Und diese Hindernisse vereiteln deinen Erfolg.«

»Was geschieht nämlich in jedem Moment, in dem du nicht hundertprozentig bei der Sache bist? Du erzeugst eine Menge Barrieren, die das nicht durchlassen, was du eigentlich anstrebst. Also bringe 100%. Das Universum hilft denen, die hundertprozentig zu leben wissen. Geh hinaus, bring 100% und du wirst Erfolg haben! Nur dann kannst du der Zauberer werden.«

3

DIE LEHRE VON DER ZEIT-LINIE

Milon wußte, daß die Wirkung des Prozesses, den er gerade durchlaufen hatte, voll und ganz von der Zeit-Linie abhängig war. Denn er hatte gesehen, daß andere in seinem Dorf alle die anderen Schritte, die er vollzogen hatte, auch gemacht hatten; und trotzdem hatten sie nicht die gleichen Ergebnisse wie er erzielt. Also war es von der Zeit-Linie gekommen, aber wie wollte er das den anderen mitteilen? Während er darüber nachdachte, erinnerte er sich an die Lehren des Zauberers:

»Milon, heute werde ich dir das Geheimnis der Zeit-Linie eröffnen.« Milon dachte daran, wie vertraut ihm diese Idee jetzt war; aber auch wie er zuerst mit dieser Idee gekämpft hatte, als er zum ersten Mal davon hörte. Die Idee, daß alle Menschen tatsächlich eine Zeit-Linie in sich hätten, schien ihm zunächst so äußerst phantastisch: und um so phantastischer war es, daß man auf diese Zeit-Linie Einfluß nehmen konnte, um Veränderungen in sich selbst und anderen zu erzeugen, die das Leben besser machten.

»Die Zeit-Linie dreht sich darum, wie du deine Erinnerungen speicherst, Milon. Sie handelt davon, wie du den Unterschied zwischen der Vergangenheit und der Zukunft erkennst.
Es mag dir vielleicht seltsam vorkommen, aber ich bin mir fast
sicher - wenn ich von oben auf dich herabschauen würde - auf
deinen Kopf - und wenn du das hier wärest, Milon, und ich dann
zu dir sagen würde „Wo ist deine Vergangenheit und wo ist
deine Zukunft?" - dann würdest du in eine ganz bestimmte Richtung zeigen, stimmt's? Zum Beispiel von vorne nach hinten,
oder von links nach rechts, oder ein „V".«

Während Milon sich noch bemühte das zu verstehen, sagte
der Zauberer: »Laß uns für einen Moment annehmen, daß du
wüßtest, daß dein Unbewußtes dir sagen könnte, wie es deine
Vergangenheit und Zukunft speichert. Und wenn du das jetzt
weißt, könntest du dann in die Richtung deiner Vergangenheit
zeigen?«

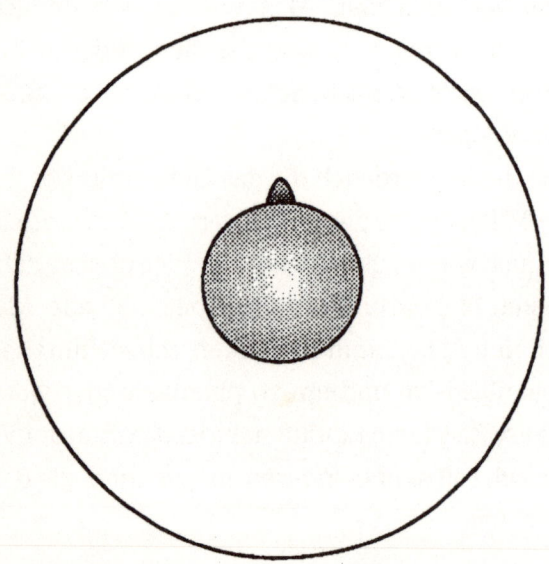

Ohne daß er überhaupt darüber nachgedacht hatte, merkte Milon, wie seine Hand sich zu erheben begann und nach rechts und nach hinten zeigte.»Sehr gut«, sagte der Zauberer.»Und wo ist deine Zukunft?« Wieder merkte Milon, wie seine Hand sich erhob. Diesmal zeigte sie nach links und nach vorne.»Sehr gut. Verstehst du, daß der Unterschied zwischen deiner Vergangenheit und deiner Zukunft die Vorstellung einer Linie mit sich bringt?« Milon nickte.»Exzellent!« sagte der Zauberer.»Das ist deine Zeit-Linie. Sie braucht nicht unbedingt eine gerade Linie zu sein, aber es entsteht dabei die Vorstellung von einer Linie, verstehst du?« Milon nickte wieder.

»Worum ich dich jetzt bitten würde, wenn du möchtest, ist, daß du dir vorstellen könntest, wie du dich über diese Zeit-Linie erhebst. Könntest du diese „Vielheit", die die Sammlung deiner Erinnerungen darstellt, einfach dort lassen wo sie ist, und dir einfach für einen Moment vorstellen, daß du eine Stufe über sie hinaufsteigst? Schwebe einfach hinauf in die Luft, hoch hinauf nach oben.«

Milon spürte wie er sich zu erheben begann, und er schwebte hinauf. Es schien ihm, als wenn sich sein Körper erheben würde, und seine Erinnerungen dort bleiben würden wo sie waren. Und plötzlich kam es ihm so vor, als ob er hoch in der Luft wäre, obwohl er wußte, daß er immer noch in dem Zimmer war.»Tatsächlich!« - In seiner Vorstellung konnte er, wenn er hinabschaute, seine Zeit-Linie unter sich ausgestreckt wie eine Linie sehen, die strahlend dort im Raum hing.

Wie aus einer weiten Entfernung hörte er den Zauberer sagen:»Geh einfach hinaus in die Zukunft, an das Ende deiner Zeit-Linie, so weit hinaus wie du nur kannst.« Milon nickte mit seinem Kopf zur Bestätigung. »Jetzt bewege dich in die Vergangenheit einfach ganz zurück bis an den Anfang deiner Zeit-Linie.« Milon nickte wieder. »Komm jetzt zurück und wieder hinunter ins Jetzt.«

Milon öffnete seine Augen. Er fühlte sich, als ob er auf einer langen inneren Reise gewesen wäre, und da dies das erste Mal für ihn gewesen war, überraschte es ihn sehr, daß es so einfach war.

»Es war einfach?« fragte der Zauberer. »Ist das etwas, was dir leichtfällt? Hattest du keinerlei Probleme dabei?«

»Nein.« Milon fragte dann: »Wenn man über seiner Zeit-Linie ist, soll man dann sich selbst anschauen?« Der Zauberer antwortete: »Das könntest du tun, oder dein Selbst könnte hinaufgehen, und du würdest dann einfach hinab auf deine Erinnerungen blicken, auf die Erinnerungen an die Vergangenheit und die Zukunft. Was hast du gemacht?«

Milon antwortete: »Ich schwebte hinauf, und meine Erinnerungen blieben da.« »Was du auch gemacht hast«, sagte der Zauberer, »es war perfekt. Ich möchte ganz sicher gehen, daß du diesen Teil verstanden hast, denn es ist ein wirklich wichtiger Schritt im Prozeß der Zeit-Linie. Wonach wir suchen ist die Art und Weise, wie du deine Erinnerungen organisierst. Du hast tatsächlich eine bestimmte Art und Weise deine Erinnerungen zu ordnen, so daß du den Unterschied zwischen der Vergangenheit und der Zukunft erkennen kannst. Wenn du nämlich darüber nachdenkst, so mußt du einfach den Unterschied zwischen der Vergangenheit und der Zukunft erkennen können; denn das ist sehr wichtig für dich.«

»Laß uns nur einmal annehmen es wäre Steuertag.« Milon

kannte diesen Tag. Es war der Tag, an dem der König die Steuern von allen Menschen einnahm, die im Jahr zuvor Geld verdient hatten. Milon wußte, daß die Steuern dazu da waren, dafür zu sorgen, daß das Königreich aufrechterhalten wurde und um ihm seine Sicherheit zu garantieren; aber viele Male war er sich keinesfalls sicher gewesen, ob die Steuern, die er bezahlte, auch wirklich von Vorteil für ihn waren!

»Wenn du deine Steuern am Steuertag bezahlt hättest, und du es dann vergessen würdest - ich bin sicher, der König würde einen Weg finden, die Steuern noch einmal von dir zu verlangen.« Milon lachte, aber als er darüber nachdachte, wurde ihm schnell klar, daß das wahrscheinlich stimmte.

»Du hast heute morgen gefrühstückt, nicht wahr?« fragte der Zauberer. »Woher weißt du, daß du gefrühstückt hast? Es muß eine Möglichkeit geben, wie du feststellen kannst, daß du es weißt.« Milon sagte: »Ich erinnere mich einfach daran.«

»Gut, deine Zeit-Linie ist das, was es dir ermöglicht, dich daran zu erinnern. Aber woher erkennst du den Unterschied zwischen dem, an das du dich erinnerst, und dem, von dem du glaubst, daß es in der Zukunft geschehen wird?« Milon lachte nervös. Er hatte noch nie darüber nachgedacht. »Ich meine es ernst«, sagte der Zauberer. »Die Zeit-Linie dreht sich darum, woher du das weißt. Deine Zeit-Linie hat sehr viel damit zu tun, wie du den Unterschied zwischen der Vergangenheit und der Zukunft erkennst.«

»Kannst du dich an ein Ereignis erinnern, das du erlebt hast, als du 7 Jahre alt warst? Und dann an eines, als du 16 warst; und dann an eines mit 23 Jahren?« Milon nickte: »Ja.« »Und jetzt denk einmal an etwas, das nächste Woche geschehen wird; und stelle dir dann einmal etwas vor, das in einem Jahr, von jetzt an gesehen, geschehen wird.« Milon nickte zustimmend. »Ist das alles in einer Linie angeordnet, wenn du es genau bedenkst?« Milon nickte wieder: »Ja.«

Der Zauberer fuhr fort: »Würdest du dich bitte noch einmal hoch über deine Zeit-Linie begeben? Und dieses Mal möchte ich dich bitten, daß du soweit hinaufschwebst nach oben, daß du auf das gesamte Kontinuum von Vergangenheit, Gegenwart und Zukunft herabschaust. Nun solltest du vielleicht wissen, daß manche Menschen ihren Blick dabei etwas heben, oder ihre Augen nach oben bewegen, weil es dann einfacher wird, sich etwas bildlich vorzustellen - zu visualisieren. So, kannst du dann einen bestimmten Abstand zu deiner Zeit-Linie einhalten? Und jetzt würde ich dich gerne darum bitten, so hoch darüber-zuschweben, daß du dieses Mal auf deine gesamte Zeit-Linie hinabschaust, und so wirklich - ich sage es noch einmal - auf das gesamte Kontinuum von Vergangenheit, Gegenwart und Zukunft hinabblickst.«

Wieder begab sich Milon hinauf, und seine Erinnerungen schienen einfach dort unter ihm zu bleiben, wo noch vor einem Moment sein Kopf gewesen war. Als er hinabblickte, konnte er seine Erinnerungen dort unter sich in einer Linie aneinander-gereiht wahrnehmen, wie eine Reihe von Bildern, die sich unter ihm erstreckte. Und er war fasziniert von der Idee, daß alle seine Erinnerungen dort genau unter ihm lagen.

Er fing an über die Möglichkeiten nachzudenken. Er begann sich zu fragen, was er mit seiner Zeit-Linie anfangen könnte; und während er hinabschaute, schien es ihm, als sei seine Zeit-Linie so zusammengeschrumpft - so hoch war er jetzt darüber - daß sie für ihn nur noch wie wenige Zentimeter lang aussah.

Tatsächlich war er so in seine Gedanken vertieft, daß er beinahe die nächsten Worte des Zauberers verpaßt hätte: »Schwebe einfach über deiner Zeit-Linie, und bewege dich ganz leicht hinaus in die Zukunft, den ganzen Weg hinaus an das zukünftige Ende deiner Zeit-Linie, und schaue in die Weiten der Zukunft hinaus. Nimm wahr, was du dort siehst, während du hinaus in die unendliche Zukunft blickst.«

Der Zauberer wartete bis Milon das getan hatte, und dann sagte er:»Gut, jetzt gehe den ganzen Weg zurück in die Vergangenheit, den ganzen Weg hinaus an das vergangene, andere Ende deiner Zeit-Linie und schaue hinaus in die Richtung der Vergangenheit. Nimm wahr, was du dort siehst, während du hinaus, in die Zeiten vor der Vergangenheit blickst.«

Als Milon das getan hatte, kam ihm eine Erinnerung in den Sinn, an die er seit Jahren nicht mehr gedacht hatte, eine glückliche Erinnerung, und er lächelte. Milon genoß seine Reise über der Zeit-Linie voll und ganz. Der Zauberer sagte:»Komm zurück ins Jetzt und gleite wieder herab in die Gegenwart.«

Milon öffnete seine Augen. Es kam ihm so vor, als ob er von einer langen Reise zurückgekehrt wäre. Er war erstaunt, daß er sich so ausgeruht fühlte.»Fiel dir das auch leicht?« fragte der Zauberer.

»Ja«, antwortete Milon.»Und«, fuhr der Zauberer fort, »warst du über deinen Erinnerungen?«Milon sagte:»Ja, da war ich.«»Hast du dich an irgend etwas erinnert, an das du schon lange nicht mehr gedacht hattest?« fragte der Zauberer.»Ja.« Milon lächelte.»Gut. Das bedeutet, daß du es wirklich tust.«

Der Zauberer fuhr fort mit seinen Lehren und Milon hörte zu. »Die Zeit-Linie handelt davon, wie du die Zeit innerlich speicherst. Jeder hat eine Zeit-Linie. Die meisten Menschen sind sich dessen nur nicht bewußt. Weil du lernen sollst, wie man die Zukunft erschafft, ist dies der erste Schritt.«

Dann nahm der Zauberer ein mittelgroßes, in Leder gebundenes, violettes Notizbuch aus seiner Tasche und überreichte es Milon. Milon schnappte nach Luft! Dieses Buch war unglaublich. Es fühlte sich wunderbar in seiner Hand an. Während Milon noch staunte, sagte der Zauberer: »Öffne es und schlage die erste Seite auf. Zeichne dort deine Zeit-Linie ein. Mache ein Diagramm deiner Zeit-Linie.« Und Milon begann zu zeichnen, was man hier sieht:

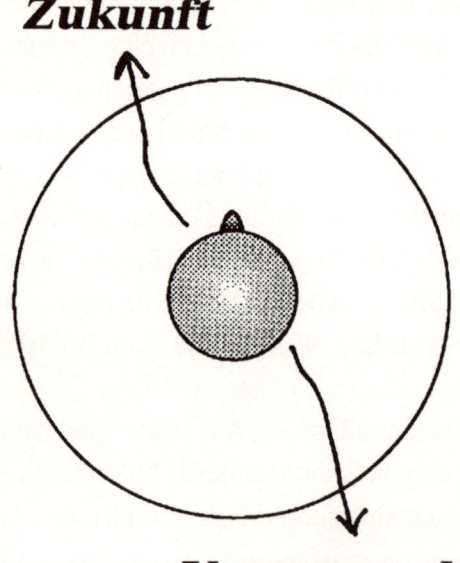

Zukunft

Vergangenheit

»Gut. Jetzt möchte ich, daß du entscheidest, was du für dich als Resultat dieses Trainings erreichen willst. Ich möchte, daß du eine bestimmte Sache hinschreibst, die du erlernen willst, als Ergebnis dieser Lehren von der Zeit-Linie.«

»Nun, das habe ich mich schon selbst gefragt«, dachte Milon. »Handle einfach so, als wenn du genau wüßtest, was du willst und laß dein Unbewußtes dir sagen, was es ist. Du kannst deinem Unbewußten trauen, weißt du.«

Also schloß Milon seine Augen und dachte: »Was will ich?« Und wie von Zauber gerührt begann seine Hand zu schreiben:

> *Ich möchte all das gemeistert haben, was mich der Zauberer gelehrt hat und mich lehren wird, so daß ich es gebrauchen kann, um anderen zu helfen.*

Als er damit fertig war, sagte der Zauberer zu ihm: »Es ist wichtig, daß du in jeder Situation weißt, was du willst. Um ein Meister im Programmieren der Zukunft zu sein, mußt du dich vorab entscheiden, was es genau ist, das du willst. Der erste Schritt ist, dein Ziel zu kennen. Schreibe das auf!«

Und Milon schrieb:

1. Schritt:
»Kenne dein Ziel!«

»Nun«, fuhr der Zauberer fort, »ich möchte dich gerne bitten, daß du dir ein Bild von dem machst, was du gerade hingeschrieben hast. Kannst du dir eine Vorstellung davon machen?« Milon nickte. »Ja.« »Erzeuge dir einfach ein inneres Bild von dem, was du dort hingeschrieben hast. Male es dir vor deinem inneren Auge aus.« Milon staunte. Es war ihm nie besonders leicht gefallen, sich etwas vor seinem Auge vorzustellen, obwohl das mit der Zeit-Linie einfach gewesen war. »Um was ich dich jetzt gerne bitten würde, ist, es dir so auszumalen, daß du weißt, du besitzt bereits das, was du heute dorthin geschrieben hast, o. k.?« Milon nickte zustimmend. Er fand, es war leicht, wenn er die Zeit-Linie gebrauchte.

»Mit anderen Worten«, sagte der Zauberer, »in dem Bild, das du dir jetzt machst, weißt du, daß du das bereits hast, was du aufgeschrieben hast. Ich möchte, daß du es dir auf eine Weise vorstellst, daß du genau weißt, du hast es. Wenn es ein Prozeß ist, sieh dich selbst am Ende des Prozesses. Stelle es dir so vor, daß du weißt, es ist vollständig; ergibt das einen Sinn für dich?« Milon nickte. »Ja.« »Gut. Male es dir so aus, wie es am Ende des Prozesses aussieht. Male es dir so aus, daß du zu dir sagst: „Gut, ich habe es." wenn du dieses Bild siehst.«

Milon erzeugte ein Bild vor seinem inneren Auge, und malte es sich genau auf eine solche Weise aus, daß er wußte, er besaß das bereits, was er hingeschrieben hatte.»Und nun sorge dafür, daß du dich selbst in dem Bild siehst. Stelle sicher, daß dein Körper in dem Bild ist. Nimm das Bild mit dir, und begib dich hoch über deine Zeit-Linie. Stell das Bild dort hinaus in die Zukunft. Irgendwann nächste Woche, oder wann immer es dir am besten passen würde, daß es zu Ende geführt wäre.«

Der Zauberer hielt einen Moment inne, während Milon das Bild hinaus in die Zukunft transportierte.»Gleite hoch hinauf über deine Zeit-Linie, nimm das Bild und bring es hinaus in die nächste Woche; und laß es einfach sozusagen dort fallen, mitten zwischen die anderen Bilder, die dort in der Zukunft liegen, und während du das tust, nimm wahr, daß die Ereignisse zwischen Dann und Jetzt, die notwendig sind, um das von dir gewünschte Ereignis unweigerlich auftreten zu lassen, geschaffen werden! Und sieh, wie sich all diese Ereignisse aufeinander abstimmen, um darauf hinauszulaufen, daß dieses besondere Ziel zustande kommt.«

Der Zauberer hatte so schnell gesprochen, daß Milon sich nicht sicher war, ob er verstanden hatte, was er gesagt hatte. Aber als der Zauberer endete, bemerkte Milon, daß sich die Ereignisse auf seiner Zeit-Linie veränderten und anders arrangierten; und er fragte sich:»Was ist das?«Als diese Umordnung beendet war, sagte der Zauberer:»Wenn du fertig bist, komme zurück ins Jetzt, und begib dich einfach herab, hierher in die Gegenwart.«

Milon öffnete verträumt seine Augen.»Nun, war das einfach für dich?«fragte der Zauberer.»Ja«, erwiderte Milon. Der Zauberer sagte:»Was wir hier im Wesentlichen getan haben, ist, daß wir ein Bild genommen haben, um es hinaus in deine Zukunft zu transportieren.«

»Dies ist die Lehre davon, wie du deine Zeit-Linie auf deinen zukünftigen Erfolg programmierst - wie du deine Zukunft erschaffst. Ich möchte dich bitten, dabei einmal folgendes in Betracht zu ziehen: Während du zurück in die Vergangenheit gingst und dich dort umgeschaut hast, sahst du deine Erinnerungen dort hinten?«»Ja«, sagte Milon.»Dann denk mal über das hier nach«, sagte der Zauberer.»Was wäre, wenn alles, was wir gerade in deine Zukunft programmiert haben, genauso sicher geschehen würde, wie alles, das in deiner Vergangenheit liegt, bereits geschehen ist.«

Milon spürte, daß einige seiner alten Gedanken darüber, wie das Universum wohl beschaffen sei, sich aufzulösen begannen.»Das bedeutet«, sagte er,»es gibt eine Vorherbestimmung«.»Nun«, sagte der Zauberer,»das stimmt. Aber du hast die Macht zu entscheiden, was du willst in der Zukunft. Mit der Zeit-Linie kannst du entscheiden, was passieren wird und wann.«

»Dies ist die erste Lehre von der Zeit-Linie«, sagte der Zauberer und damit war er verschwunden. Milon fuhr fort aus dem Fenster zu blicken und versenkte sich tief in das hinein, was er gerade erfahren hatte.

4
DAS WESEN DES UNIVERSUMS

»Aber warum funktioniert das alles so?« fragte Milon den Zauberer. »Es funktioniert so«, erwiderte der Zauberer, »weil das das Wesen des Universums ist und gleichzeitig die Art und Weise, wie der Geist arbeitet; denn genau so wie der Geist funktioniert, so funktioniert auch das Universum.«

Milon spürte wieder, wie es sich in seinem Kopf zu drehen begann: »Was heißt das?« fragte er. »Das bedeutet«, sagte der Zauberer, »daß das Wesen des Universums in seinem tiefsten Inneren genau wie dein Geist arbeitet. Es gibt bestimmte Prinzipien, die das Programmieren deiner Zukunft ermöglichen, das ist eine alte Lehre. In dieser Lehre gibt es fünf Prinzipien, die es uns ermöglichen, Einfluß auf die Zukunft zu nehmen. Bist du bereit dafür?«

»Ja.« Milon setzte sich flugs auf, griff zu seinem Stift. Er schlug eine neue Seite in seinem Notizbuch auf, und begann zu schreiben.

Der Zauberer sagte: »Hier ist das erste Prinzip. Das grundlegende Wesen des Universums ist Geist, es ist reine Intelligenz!«

Milon schrieb:

Die fünf Prinzipien

Prinzip 1:

1. Das Universum besteht aus purer Intelligenz – seine grundlegende Natur ist Geist.

»Siehst du, Milon, in seinem tiefsten Inneren, tiefer als Moleküle, Atome und Elektronen; dort im tiefsten Inneren des Universums gibt es eine Ebene, wo der Gedanke eines „Ortes" nicht existiert. Auf dieser Ebene ist es nicht möglich, den spezifischen Ort und die Geschwindigkeit eines Elektrons festzustellen. Das heißt im wesentlichen, daß diese tiefste Ebene alles durchdringt, was ist. Sie hat keinen spezifischen Ort, sie ist allgegenwärtig. Die Wissenschaftler in unserer Welt haben das noch nicht entdeckt. In anderen Welten nennen sie es den „Quantenraum".«

»Die Wissenschaftler sind bisher auch noch nicht in der Lage gewesen, das Bewußtsein im Gehirn zu lokalisieren. In der Tat haben sie nicht die geringste Vorstellung davon, wo das Bewußtsein zu orten wäre. Das kommt daher, weil das Bewußtsein wie die grundlegende Quantenebene des Universums funktioniert.«

»Milon, das grundlegende Wesen des Universums auf seiner tiefsten Ebene ist Bewußtsein, reine Intelligenz. Auf der Quantenebene in seinen innersten Tiefen funktioniert das Universum wie ein Informationsprozessor - wie ein Geist und Verstand. Diese Information fließt um alle biologischen Prozesse herum und durch sie hindurch. Alle Dinge im Weltall sind ganz eng und unendlich durch den Fluß von Bewußtsein miteinander verbunden.«

Milon saß da und hörte von Ehrfurcht ergriffen zu, als der Zauberer fortfuhr:»Die Natur verfolgt einen Zweck, und sie besitzt eine tiefe Intentionalität und Absicht. Die Gesetze, die das Universum regieren, sind auf dieser Quantenebene enthalten. Das ist der Grund dafür, warum du mich hier auf deinen inneren Reisen gefunden hast. Denke immer daran Milon: Wer der tiefen inneren Reflexion fähig ist, wird die Geheimnisse des Universums erlangen, denn dort ist es, wo sie geheimgehalten werden.«

Milon schrieb auf:

Die Natur verfolgt einen Zweck, und die Gesetze der Natur sind in den Tiefen innerer Reflexion und Versenkung enthalten.

Der Zauberer fuhr fort: »Die Realität ist nicht das, was du siehst, Milon. Alles schwingt in verschiedenen Raten oder Frequenzen. Prinzip Nr. 2 lautet, daß alles aus Frequenzen zusammengesetzt ist; alles ist in Schwingung.«

Milon schrieb:

Prinzip 2:

Die Realität ist nicht das, was ich sehe, sie ist Schwingung, zusammengesetzt aus Frequenzen.

»Der Unterschied zwischen einem Felsen, einem Baum und einem Menschen ist der Unterschied in der Schwingungsrate. Es gibt eine Rangordnung mit Materie an ihrem unteren Ende und Energie an ihrem oberen Ende. Geist ist sogar höher als Energie.«

»Nimm irgendein Ding, heiß oder kalt. Dieses Ding wird gewisse Wärmeschwingungen offenbaren. Diese Wärme-schwingungen werden sich, wenn sie angehoben werden, in Licht verwandeln. Wenn sie hoch genug angehoben werden, wird eine ungeheure Menge an Energie frei werden, und die Materie wird auseinanderfallen.«

»Es gibt eine Hierarchie der Existenz mit Materie an ihrem

untersten Ende. Der Schall ist die nächste Ebene. Die Schwingungsebene von Geräuschen und Schall, die der Mensch hören kann, ist ziemlich begrenzt.

Über dem Schall, den das Ohr nicht hören kann, gibt es Schallwellen, die der Mensch nicht mehr wahrnehmen kann und Wellen, die übertragen werden können, wie zum Beispiel Radiowellen.

Bei noch höherer Schwingungsrate wird der Schall zu Wärme und dann zu Licht. Darüber liegt die Quantenebene, wo der Geist zu Hause ist und das Bewußtsein.«

Milon schrieb:

Es gibt eine Rangfolge oder Hierarchie der Schwingungen:

Schall → Licht

Schall
↑
Mensch
↑
Baum
↑
Felsen

Der Zauberer fuhr fort: »Die alten Lehren sagen: „Jegliche Manifestation von Gedanken, Gefühl, Vernunft, Wille oder Verlangen oder jeglicher geistiger Zustand oder Bedingung sind von Schwingungen begleitet". Diese Schwingungen werden in einem gewissen Sinn auf die gleiche Weise an die Umgebung übertragen wie Wärme von einem heißen Objekt ausstrahlt.«

»Jeder Gedanke, jedes Gefühl oder geistiger Zustand hat seine damit zusammenhängende Schwingungsrate und Art. Diese Frequenzen kann man verändern durch eine Veränderung in den Gedankenmustern, die dem Geist innewohnen. Da das Universum auf seiner tiefsten Ebene auch aus Schwingungen besteht, und weil die Materie, die das Universum ist, einfach durch deine Aufmerksamkeit beeinflußt und verändert werden kann - können die Schwingungen der Gedanken, die du denkst, tatsächlich die innerste Substanz des Universums beeinflussen.«

»Das Universum ist in dieser Hinsicht wie dein Körper. Es wird das geben, worauf du bestehst. Wenn du auf Negativität bestehst, wirst du genau das erhalten. Was uns zum nächsten Prinzip führt. Und das lautet, daß das Universum nach Ausgeglichenheit und Balance sucht.«

Dies ist es, was Milon hinschrieb:

Prinzip 3:

Jeder Gedanke oder geistige Zustand hat seine eigene Schwingung. Das Universum wird dir nur geben, worauf du bestehst.

»Indem es den Ausgleich sucht, erschafft das Universum alles mit zwei Polen, jedes Ding hat sein Gegenteil. Zuneigung hat Abneigung, Schwarz hat Weiß, Hell hat Dunkel, Heiß hat Kalt. Aber während heiß und kalt graduell verschieden sind, sind sie identisch im Kontext - nämlich im Kontext von Wärme. Das alte Sprichwort sagt: „Alles ist und ist nicht zur gleichen Zeit".«

»Darüber hinaus gibt es zwischen den beiden Polen von Heiß und Kalt viele Grade von Heiß und Kalt, wobei man das höhere der beiden „wärmer" und das niedrigere „kälter" nennt. Es gibt keinen absoluten Maßstab für Heiß und Kalt. Noch sind Gut und Schlecht absolut, es gibt Grade von Gut und Schlecht, aber es gibt keinen absoluten Standard, kein absolutes Maß. Diese „Gegensatzpaare" werden „Dichotomien" genannt. Die Paare von Gegensätzen funktionieren allesamt so, daß sie nur eine relative Bedeutung haben.«

Milon dachte darüber nach, was der Zauberer gesagt hatte, während er weiter zuhörte. »Indem du die beiden ersten Prinzipien zusammennimmst, wird es möglich, einen geistigen Zustand in einen anderen zu verwandeln. Gefühle und Dinge können, weil sie in verschiedene Klassen gehören, nicht ineinander umgewandelt werden, aber Dinge der selben Klasse kann man umwandeln. So kann aus Kalt Heiß werden, aus Liebe kann Haß werden; Furcht kann zu Mut werden, aber Haß kann nicht in Mut verwandelt werden.«

»Durch das Verändern der Polarität eines Gefühls, indem man die geistigen Energieschwingungen eines Gefühls anhebt, können wir es in ein höheres Gefühl umwandeln. Auf diese Weise kann aus einem ängstlichen Manne ein mutiger werden, wenn er das Gefühl entlang der Linie der erwünschten Qualität polarisiert.«

»Die Alten«, sagte der Zauberer, »haben es überliefert: Um deine Stimmung oder deinen geistigen Zustand zu verändern - verändere einfach deine Schwingung durch einen Akt deines Willens, indem du sorgfältig und absichtlich deine Aufmerksamkeit auf den wünschenswerteren Zustand festmachst.«

»Wenn du traurig bist, erinnere dich willentlich an Zeiten, als du glücklich warst. Du brauchst nicht die Dunkelheit loszuwerden, bring einfach eine Kerze in das Zimmer und die Dunkelheit wird verschwinden.«

»Verstehst du?« fragte der Zauberer. »Ja«, sagte Milon.

Der Zauberer fuhr fort: »Gut, das nächste Prinzip hängt eng zusammen mit dem vorherigen, insofern, als sogar in den Variationen der gegensätzlichen Pole ein Gleichgewicht besteht. Das Universum verlangt nach Gleichgewicht.«

Milon schrieb:

Prinzip 4:

Das Universum verlangt nach Gleichgewicht - alles, jedes hat sein Gegenteil.

»Das Gesetz des Ausgleichs«, sagte der Zauberer, »lautet, daß es für jede Aktion eine gleiche und gegenteilige Reaktion gibt. Wenn das Pendel in die eine Richtung schwingt, muß es immer wieder zurück in die andere schwingen. Wenn du willst, halte einen Moment inne und denke darüber nach, daß diese rhythmischen Schwingungen auch in deinem Leben auftreten. Dem Mut geht die Angst voraus, Glück und Traurigkeit oszillieren.«

»Die Alten sagen: „Der Mensch, der wohl zu genießen weiß, kann auch großem Leiden ausgesetzt sein. Der Mann, der wenig Schmerz fühlt, kann auch nur wenig Freude erfahren."«

»Geistig jedoch ist es möglich, dem unteren Ende zu entkommen, indem man sich über es hinaufschwingt. Das ist es, was wir tun, wenn wir die Zeit-Linie benutzen. Wir können den Schwung des Pendels überwinden, indem wir die Schwingungen erhöhen und uns über die niedrigen Schwingungen hinaufbegeben; im wesentlichen erhöhen wir die Schwingungen des Selbst über die normale Ebene des Bewußtseins und „weigern" uns dann einfach, es dem Gefühls- und Stimmungspendel zu erlauben, uns zurückzuschwingen.«

»Selbst dabei wirkt das Gesetz des Ausgleichs. Du wirst vielleicht feststellen, daß es einen Erfolg, der über Nacht kommt, nicht gibt. Im allgemeinen bezahlt man den Preis für das, was man erreichen will. Die Dinge, für die man einen Preis bezahlt, erhält man immer zurückgezahlt.«

»Verstehst du?«, fragte der Zauberer. »Ja«, erwiderte Milon. »Gut, können wir weitermachen?« »Natürlich«, sagte Milon.

»Denk' immer daran, Milon, daß alles dem Prinzip von Ursache und Wirkung unterliegt. Es gibt eine Ursache für jeden Effekt und umgekehrt. Ohne Rücksicht auf neuere Ideen, die da behaupten, daß es keine Ursache und Wirkung gäbe - dieses Prinzip wirkt immer.«

Prinzip 5:

Wir erhalten immer einen Ausgleich für das, was wir tun.

»Wenn wir Ursache und Wirkung in Form von Ereignissen betrachten, „erzeugt" genaugenommen nicht ein Ereignis ein anderes, sondern es gibt nur ein vorhergehendes Glied in der großen Kette der Ereignisse an diesem Tag des Universums, und ein folgendes. Jeder Gedanke, den wir denken, jede Handlung, jede Tat, erzeugt Ergebnisse, sowohl direkt als auch indirekt.«

»Das Problem im Leben der meisten Menschen besteht darin, daß sie sich nicht auf der „Ursachenseite" der „Ursache und Wirkungs-Gleichung" befinden.«

»Die meisten Menschen sind auf der Wirkungsseite dieser Gleichung, nicht bei der Ursache, sondern bei der Wirkung - ausgesetzt der Wirkung von Ereignissen, die von anderen Menschen der Umgebung erzeugt werden, und inneren Stimmungen. Du hast sie gesehen, Milon, wie sie sich über ihre Ohnmacht im Angesicht der Natur, der Ereignisse und anderer Menschen beklagen. Du hast gesehen, wie sie ihre Kraft, mit der sie ihre eigene und die Zukunft von anderen beeinflussen könnten, weggeben und vergeuden. Du hast Menschen im Angesicht von Schuld, Angst und Mangel an Selbstkontrolle leiden gesehen.«

»Dies alles entsteht aus einem Mißverständnis des Prinzips von Ursache und Wirkung. Denk' einfach daran, Milon, du bist die Ursache in deinem Universum.«

Milon schrieb:

Ich bin die Ursache in meinem Universum!

»Wenn du die Schwingungsrate deiner Gedanken anhebst, wirst du dich über die niederen Wirkungen hinauf erheben können. Die niedrigeren Gefühle und Wirkungen werden dich nicht beeinflussen. Du wirst jedoch stets den höheren Wirkungen unterworfen bleiben.«

»Ich verstehe«, sagte Milon.

»Gut, ich fasse zusammen«, sagte der Zauberer. »Da das Universum aus Intelligenz und Bewußtsein besteht, ist es möglich, das Gewebe der Intelligenz zu beeinflussen, das die Quantenebene ausmacht. Die Ebene, auf der man Einfluß gewinnen kann, befindet sich auf den höheren Schwingungsgraden. Das Programmieren deiner Zukunft spielt sich auf dieser Ebene ab.«

»Es gibt ein Gleichgewicht im Universum; dieses Gleichgewicht wird durch Gegensatzpaare und das Gesetz des Ausgleichs aufrechterhalten. Du kannst keine Energie aussenden, ohne daß sie zu dir zurückkäme. Denke schließlich noch daran, Milon, daß du dich an der Ursache von allem befindest, was dir in deinem Leben geschieht.«

»Verstehst du?«, fragte der Zauberer. »Ja«, dachte Milon, und damit war der Zauberer verschwunden.

Milon blickte noch eine ganze Weile aus dem Fenster hinaus, und während er darüber nachdachte, was er erfahren hatte, bemerkte er, daß es ihm so vorkam, als ob sich die Farbe des Himmels verändert hätte.

Die fünf Prinzipien

Das Universum ist reine Intelligenz.

Alle Materie ist aus Schwingungen
zusammengesetzt.

Jeder Gedanke hat seine eigene
Schwingung.

Das Universum strebt nach Balance.

Wir erhalten immer einen Ausgleich für das,
was wir tun.

5

HANDLE!

»Die Zeit-Linie ist der wesentliche Bestandteil des Programmierens deiner Zukunft, aber das ist nicht das einzige, was du tun mußt. Natürlich mußt du handeln. Tatsächlich ist das der zweite Schritt. Vielleicht möchtest du es dir aufschreiben.«

Also schrieb Milon :

2. Schritt:
»Handle!«

»Das klingt einfach genug«, dachte Milon. »Zuviele Menschen unternehmen nichts«, sagte der Zauberer. »Im wesentlichen gibt es zwei Tendenzen: Die Neigung zum Aktiven und die Neigung zum Abwarten. Diejenigen Menschen, die zum Aktiven neigen, sind geschäftig. Sie sind die Macher in dieser Welt. Sie sorgen dafür und werden immer dafür sorgen, daß die Dinge geschehen; sie sind pro-aktiv. Sie sind die Menschen, die die Welt formen, die Unternehmer, die Veränderer und die Zielstrebigen in dieser Welt.«

»Wenn es etwas gibt, was getan werden muß, sie tun es. Sie

sorgen wirklich dafür, daß die Dinge geschehen. Sie erschaffen etwas, sie ergreifen die Initiative, und sie handeln. Während die Aktiven wahrscheinlich Fehler machen, ist es genauso wahrscheinlich, daß sie überhaupt etwas tun, irgend etwas.«

»Du kannst davon ausgehen«, sagte der Zauberer, »daß ich die Menschen mit der aktiven Neigung lieber mag.«

»Ein „re-aktiver" Mensch wird nicht eher handeln, bis er gezwungen ist, zu reagieren. Anstatt aktiv zu sein, neigen diese Menschen eher dazu, die Dinge zu untersuchen statt zu handeln. Sie lassen den Dingen ihren Lauf, anstatt dafür zu sorgen, daß die Dinge geschehen. Sie ziehen es vor, die Welt zu studieren - wie die Gelehrten in ihrem Elfenbeinturm. Ein Mensch mit Neigung zum Reaktiven ist eine eher passive Persönlichkeit. Diese Menschen werden sich oftmals hinsetzen und die Dinge untersuchen, weil sie nicht bereit sind, einfach hineinzuspringen und etwas zu tun, bevor sie nicht die Gelegenheit gehabt haben, etwas vollständig zu analysieren. Oftmals werden sie nicht eher handeln, bis sie gezwungen werden. Sie werden schlichtweg nicht fertig mit einer Sache. Halte dich fern von ihnen!«

»Reaktive Menschen werden oftmals detaillierte Studien anstellen, die Konsequenzen sorgfältig abwägen und nur dann reagieren, wenn man sie zwingt. In der Regel wirst du von ihnen ein „Wir wollen nichts überstürzen." zu hören bekommen. Und genauso oft verfangen sich Bürokratien in dieser reaktiven Art - dem Vermeiden von Fehlern. Bei reaktiven Menschen scheinen die Dinge einfach zu geschehen. Anstatt auf der Ursachenseite zu sein, befinden sie sich unter dem Einfluß der Wirkung von Ereignissen.«

»Natürlich«, fuhr der Zauberer fort, »neigen alle Menschen dazu, beide Seiten zu zeigen. Aber was bist du?«

»Stelle stets sicher, daß du bereit bist etwas zu unternehmen, untersuche nicht nur. Wenn du ein Projekt beginnst, Milon, sorge dafür, daß du dich selbst mit aktiven Menschen umgibst. Du kannst ganz einfach herausfinden, mit wem du es zu tun hast, indem du ihnen die Frage stellst: „Wenn du in eine solche Situation kommst - handelst du dann normalerweise schnell, nachdem du dir einen Überblick verschafft hast, oder führst du eine detaillierte Studie aller Konsequenzen durch und handelst dann?"«

»Diese Frage hat mit der Voraussage zu tun, wieviel Energie jemand in die Verfolgung seiner Lebensziele hineinstecken wird. Darüber hinaus wird sie voraussagen helfen, wie schnell jemand handeln wird. Schätze die Leute ein, mit denen du arbeitest. Arbeite mit aktiven Menschen und du wirst wachsen, bleib weg von reaktiven Menschen. Sie werden dich bremsen. Beschließe was du willst, erschaffe dir deine Zukunft, indem du deine Zeit-Linie gebrauchst - und **unternimm etwas**, Milon!«

Als er die Worte las, die er in seinem Notizbuch aufgezeichnet hatte, hörte Milon die Stimme des Zauberers in seinem linken Ohr: »Milon, der Besitz von Wissen ist, wenn er nicht in Handlungen ausgedrückt wird, wie das Anhäufen von wertvollen Metallen - eine eitle und dumme Sache. Das Universum verlangt, daß Wissen gebraucht wird. Wissen muß angewendet werden. Dies ist das „Gesetz des Gebrauchs". Es gibt ein altes Sprichwort, das heute noch zur Anwendung kommt: „Wird's nicht gebraucht, ist's schneller verronnen, als zuvor gewonnen".«

»Milon, du bist auf dem richtigen Weg, mach weiter so!«

Und damit war der Zauberer verschwunden.

Milon schaute weiter aus dem Fenster. Er versenkte sich tief in das hinein, was er erfahren hatte. Und er verstand.

6
ZEIT-LINIE UND PERSÖNLICHKEIT

Der Zauberer sagte:»Würdest du gerne erfahren, was die Anordnung der Zeit-Linie im Zusammenhang mit der Persönlichkeit eines Menschen bedeutet?«

»Ja«, sagte Milon,»es könnte mir sehr dabei behilflich sein, zu erfahren, wie ich am besten mit verschiedenen Menschen umgehe. Könntest du es mir sagen?«

»Hör zu«, sagte der Zauberer,»die Zeit-Linie, die von vorn nach hinten verläuft, nennen wir **In-Time** (in der Zeit), was im wesentlichen bedeutet, daß man sich auf seiner Zeit-Linie befindet oder innerhalb seiner Erfahrung von Zeit. In-Time-Menschen neigen dazu, im Moment gefangen zu sein. Wenn du eine In-Time-Person bist und du eine Verabredung mit mir um zwei Uhr hast, wirst du es wahrscheinlich überhaupt nicht bemerken, wenn ich erst um 14^{05} Uhr hereinkomme. Vielleicht wirst du es noch nicht einmal um 14^{15} Uhr bemerken. In-Time-Menschen neigen dazu, das Leben entdecken zu wollen und sich daran anzupassen.«

»Die klassische Anordnung der Zeit-Linie einer **Through-**

Time-Person verläuft von links nach rechts. Der Mensch mit Through-Time-Linie (vor dem Körper durchgehende Zeit-Linie) wird sein ganzes Leben im voraus festgelegt haben. Er weiß ziemlich genau, was er will im Leben. Und im Gegensatz zur In-Time-Person, die daraufzielt, sich ans Leben anzupassen, wird die Through-Time-Person wissen, was sie will - und sie wird das Leben an sich selbst anzupassen wissen.«

»Nun, und jede Kombination oder Unterscheidung zwischen diesen beiden Arten von Zeit-Linie wird eine Kombination der Persönlichkeitszüge einer In-Time- und Through-Time-Person bewirken.« Milon bemerkte, daß dies der Anordnung seiner Zeit-Linie entsprach.

Der Zauberer fuhr fort: »So wird also jemand mit Through-Time-Linie die Zeit als geordnet, linear und in Folge erfahren; vielleicht trägt er ein Zeitplan-Buch mit sich herum, und es bereitet ihm Vergnügen, seine Zeit auf diese Weise einzuteilen.«

»Es gibt auch Menschen, die diese kleinen Terminkalender bei sich haben, und sie hassen sie - das sind In-Time-Menschen. Aber die Through-Time-Menschen tragen diese Dinger mit sich herum und sie mögen sie.«

»Um etwas zu planen, ist es hilfreich, Through-Time zu sein. Das ist der Grund, warum du über die Zeit-Linie gehst und dich umschaust, wenn du deine Ziele hinschreibst. Wenn du die Ziele aufschreibst, bring die Anordnung deiner Zeit-Linie so zustande, daß sie vor dir liegt und den Raum von links nach rechts durchläuft; und gehe hinaus in die Zukunft zu dem Zeitpunkt, den du gerade planst. Das Planen erfordert eine Through-Time-Perspektive; wenn du jedoch an etwas arbeitest, auf das du dich voll konzentrieren willst - wenn du wirklich in dem Moment sein willst -, so erfordert das eine In-Time-Perspektive.«

»Wenn du darüber nachdenkst, vor langer Zeit, bevor es Fabriken, ja tatsächlich bevor es Uhren gab, bestand eigentlich kein Bedarf dafür, pünktlich zu sein. Weil, wenn du und ich uns treffen wollten, würden wir uns einfach an der großen Eiche am Fluß zum dritten Vollmond, nachdem der Schnee geschmolzen ist, verabreden. Wenn ich ein paar Tage lang nicht erscheinen würde, würdest du einfach dasitzen und warten. Es würde dir nichts ausmachen. Du würdest dir einfach ein paar Kaninchen zum Essen fangen. So war es eigentlich immer, bis zur industriellen Revolution. Als wir Fabriken erfunden hatten, brauchten wir mit einem Mal Leute, die pünktlich aufkreuzten. Bevor es Fabriken gab, arbeiteten die Leute gewöhnlich zu Hause. Sie arbeiteten an Einzelteilen in ihren Häusern, oder sie arbeiteten vielleicht irgendwo anders, aber bevor es Uhren gab, brauchte man nicht pünktlich zu sein.«

»Also waren zu jener Zeit die meisten Leute In-Time-Menschen. Beginnend mit der industriellen Revolution fingen wir an, Leute zu brauchen, die an bestimmten Zeitpunkten an bestimmten Orten waren. Wenn sie die Fabrik um neun Uhr aufmachten und niemand da war: Wer sollte die kleinen Teile auffangen, die am Ende herabfielen und sie in Schachteln stecken? Niemand. Die industrielle Revolution erzeugte das Bedürfnis nach Pünktlichkeit. Also schufen wir Schulen für unsere Kinder, die um neun Uhr anfingen - einfach, um die Kinder darauf zu trainieren, daß sie pünktlich waren, und dann auch pünktlich in der Fabrik erscheinen würden. Also ist die Through-Time eine Erfindung des modernen Menschen.

Through-Time ist linear und in Folge angeordnet, genau wie das Fließband.«

»Also, deine Zeit-Linie ist auf eine bestimmte Art und Weise gestaltet. Und wie deine Zeit-Linie angeordnet ist, wird einen großen Unterschied ausmachen, in der Art, wie du die Zeit erfährst und wie du mit ihr umgehst.«

»Das ist die zweite Lehre von der Zeit-Linie«, sagte der Zauberer, und damit war er verschwunden. Milon schaute weiter aus dem Fenster und vertiefte sich in das, was er erfahren hatte.

7

DIE VERGANGENHEIT BEREINIGEN

»Die Vergangenheit kann ein Meilenstein für dich sein oder ein Mühlstein um deinen Hals, Milon. Du kannst die Zukunft programmieren, aber wenn deine Vergangenheit nicht mit deinen zukünftigen Erinnerungen übereinstimmt, die du auf deiner Zeit-Linie festgemacht hast, dann werden die Ergebnisse nicht so sicher sein. Würdest du gerne wissen, wie du deine Vergangenheit bereinigen kannst, Milon?«

»Ja«, sagte Milon leise. Er wußte, daß es Ereignisse und Gefühle in seiner Vergangenheit gab, die seinen Fortschritt in der Gegenwart einschränkten. Er hatte schon früher darüber nach-gedacht: »Wenn ich nur anders wäre, dann würde ich erfolg-reich sein.«

»Das stimmt«, sagte der Zauberer. »Laß uns einmal einen Moment lang deine Zeit-Linie betrachten und nachschauen, ob du einige der Erfahrungen, die du in der Vergangenheit gemacht hast, irgendwo entlang deines Weges, bereinigen solltest.«

»In Ordnung«, sagte Milon.

»Worum ich dich gerne bitten möchte, ist, daß du, wenn du

willst, einfach mal einen Moment inne hältst und entspannst - nimm einen tiefen Atemzug und begib dich einfach irgendwie hinauf, ganz hoch hinauf über deine Zeit-Linie. Schwebe einfach hoch hinauf in die Lüfte.«

Milon nickte.

»Schaue hinunter auf die Zeit-Linie, dort weit unter dir und nimm wahr, ob es dort in der Vergangenheit oder in der Zukunft irgendwelche fehlenden Teilstücke gibt. Am besten ist es, wenn eine Zeit-Linie durchgehend ist und nicht unterbrochen; nicht unbedingt, daß sie die gleiche Helligkeit durchgehend haben muß, aber es sollten keine Lücken oder fehlende Stücke in deiner Zeit-Linie sein; halte Ausschau, ob es auf deiner Zeit-Linie Lücken oder solche fehlenden Abschnitte gibt.«

Milon blickte hinunter auf seine Zeit-Linie und bemerkte mehrere Teilstücke unter sich, die sich von den angrenzenden unterschieden.

»Nachdem du einmal die Helligkeit deiner Zeit-Linie festgestellt hast, komm gleich zurück ins Jetzt und ordne deine Zeit-Linie auf eine Weise an, die dir am angenehmsten scheint; und wenn du das getan hast, öffne deine Augen.«

Milon kam zurück in den Raum und schaute den Zauberer an. »Findest du, daß deine Zeit-Linie durchgehend eine etwa relativ gleichartige Färbung hatte?«

»Nein«, sagte Milon.

»Gibt es irgendwelche dunklen Abschnitte oder fehlende Teilstücke?« fragte der Zauberer.

»Ja«, sagte Milon besorgt, »ist das in Ordnung?«

»Natürlich ist das in Ordnung«, versicherte ihm der Zauberer. »Manche Menschen haben dunklere Gegenden auf ihrer

Zeit-Linie und manche Menschen haben eine Zeit-Linie, die eine relativ gleichartige Färbung durchgehend zeigt. Beide Arten sind in gleichem Maße vertreten.«

»Ein dunkler Bereich auf der Zeit-Linie zeigt in der Regel einen Schmerz an - irgendeine Art von Trauma ist in der Vergangenheit geschehen. Wenn es auf deiner Zeit-Linie einen dunklen Bereich gibt oder wenn es tiefen Schmerz in deiner Vergangenheit gibt, besteht eines der Probleme darin: Die Energie, die du brauchst, um die schmerzliche Erinnerung oder das damit zusammenhängende Material zu verdrängen, kann dir nicht mehr dabei helfen, voll und ganz das zu erreichen, was du willst.«

»Wenn du deine Zukunft programmierst, solltest du genau darauf achten, ob es bei dir irgendwelche Konflikte zwischen den Zielen, die du aufgeschrieben hast, und deiner Vergangenheit gibt. Wenn das so ist, wird es unumgänglich, daß du diese problematischen Bereiche in der Vergangenheit bereinigst.«

»Typischerweise jedoch ist es so, daß die Verdrängung von derartigem Material in der Vergangenheit einen Menschen davon abhält, all das, was er in der Zukunft sein kann, zu erfahren oder zu sein. Wenn es also irgendwelches verdrängtes Material dort hinten in der Vergangenheit gibt, braucht man Energie, um diese Erinnerungen niederzuhalten, damit sie nicht in die Gegenwart hineinstoßen. Wenn es traumatische Ereignisse in ihrer Vergangenheit gibt, erleben manche Menschen sogenannte „emotionale Überlagerungen". Was dann geschieht, ist, daß diejenige Person nicht mehr in der Gegenwart ist, sondern auf jene von früher stammenden

Erinnerungen reagiert. Also bereinige diese Abschnitte auf deiner Zeit-Linie wo immer es dir möglich ist.«

»Milon, hast du irgendein ernsthaftes Trauma in deiner Vergangenheit?«

»Nein«, antwortete Milon.

»Gut«, sagte der Zauberer, »denn wenn ein Trauma wirklich ernst ist, wie zum Beispiel eine Vergewaltigung oder eine ernsthafte Verletzung, dann solltest du es nicht allein versuchen. Wenn es aber bei dir nicht so gravierend ist, laß uns weitermachen und es bereinigen. Ist das in Ordnung, Milon?«*

Milon dachte einen Moment darüber nach, wie es wohl sein würde, ohne einige der einschneidenden und begrenzenden Entscheidungen seiner Kindheit und Pubertät zu leben - wie die Angst vor seiner ersten Verabredung, oder als er sich selbst als schlaksig empfand mit seinen großen Teenagerfüßen. Er erinnerte sich auch an einige Ereignisse in der Vergangenheit, zu denen er Schuldgefühle hatte und an seine Befürchtungen. Wenn diese Dinge ihn davon abhielten, Fortschritte zu machen, dann war es besser, diese Teile der Vergangenheit loszuwerden!

»Ja«, sagte er.

»Was ich dir gerne vorschlagen würde, ist, daß wir einmal schauen, ob wir tatsächlich einige der weniger rauhen Gebiete in deiner Vergangenheit begradigen und bereinigen könnten.

---

*Anmerkung zur Time-Line-Therapie: Wenn ein ernsthaftes Trauma vorhanden ist, sollte dieser Prozeß von jemanden, der in Time-Line-Therapy™ ausgebildet ist, durchgeführt werden. Für weitere Informationen lesen Sie das Buch „Time Line" von Tad James, Junfermann 1991, oder wenden Sie sich an den Autor bzw. an den Herausgeber dieses Buches.

Nur, wenn du ein paar größere traumatische Bereiche in der Vergangenheit hast, dann ist dieser besondere Prozeß nichts für dich.«

»Wenn es dir recht ist, würdest du dann bitte noch einmal innehalten und hinauf über deine Zeit-Linie gehen. Begib dich einfach hoch über deine Zeit-Linie und stell noch einmal fest, wie es ist, über all dem zu sein - genieße es. Dieses Mal möchte ich dich bitten, daß du zurück gehst an den Anfang deiner Zeit-Linie. Weit zurück in die Vergangenheit. Und während du hoch dort über deiner Zeit-Linie bleibst, möchte ich dich bitten, ganz zurück an den Anfang deiner Zeit-Linie zu gehen. Und indem du dort über deiner Zeit-Linie schwebst, möchte ich dir nun vorschlagen, daß du dir über deinem Kopf eine Quelle der unendlichen Liebe und des Heils vorstellst.«

»Und jetzt möchte ich dich auch bitten, dir weiterhin vorzustellen, wie diese unendliche Quelle von Liebe und Heil hinabfließt, durch deinen Kopf hindurch in dein Herz hinein. Erlaube dieser Energie, die unerschöpflich ist, noch weiter durch deinen Kopf und dein Herz zu fließen und dann hinunter in deine Zeit-Linie hinein, wo sie alle aufeinanderfolgenden Punkte in deiner Zeit-Linie heilt.«

»Laß sie in deine Zeit-Linie hineinfließen und heile so jedes der kleineren, geringeren traumatischen Ereignisse. Jeden „rauhen" Bereich deines Lebens, alle die Zeitpunkte, an denen du dich ungeliebt gefühlt hast oder ungeheilt oder unwohl. Jedesmal wenn du dich nicht so gut gefühlt hast, wie du dich hättest fühlen können. Und während du dieser Energie erlaubst zu fließen, kannst du auch alle vergangenen Hindernisse heilen. Erlaube einfach dieser Energie, sie aufzufüllen und auch zu heilen.«

»Du kannst dabei erkennen, daß deine Zeit-Linie immer heller und heller wird, während du das tust. In der Tat, vielleicht wirst du sogar bemerken, daß die Energie - während du die Vergangenheit damit auffüllst und sie so auch heilst - jetzt beginnen kann, hinaus in die Zukunft zu fließen. Und wenn du das bemerkt hast, ist es in Ordnung so. Laß es einfach geschehen. Fließe den ganzen Weg hinaus über das Jetzt in die Zukunft, soweit du sehen kannst, sogar noch weiter...,und noch weiter..., sogar noch weiter als das. Sehr gut.«

»Wenn du damit fertig bist, möchte ich dich darum bitten, daß du wieder vorwärtskommst ins Jetzt; und gleite einfach mitten hinunter in die Gegenwart und ordne deine Zeit-Linie auf eine Art und Weise an, die dir am angenehmsten erscheint; und wenn du das getan hast, öffne einfach deine Augen.«

Milon öffnete seine Augen und der Raum leuchtete. Er rieb sich die Augen und zu seiner Überraschung ging es nicht weg.

»Das Zimmer sieht anders aus, nicht wahr?«, sagte der Zauberer.

»Ja«, erwiderte Milon.

»Gut, du bist ein guter Schüler.« Milon war überrascht. So ein Kompliment hatte er von dem Zauberer nicht erwartet. »Es wird dich auch überraschen, wieviel Energie dir jetzt für die Zukunft zur Verfügung steht, um das zu erhalten, was du willst.«

Der Zauberer fuhr fort: »Gut, was haben wir also getan? Wir haben daran gearbeitet, alle deine vergangenen Erinnerungen, die zu Hindernissen für dich werden könnten, zu bereinigen. Der Hauptgrund dafür liegt wiederum darin, die Energie loszulassen oder zu lösen, die bis dahin gebraucht wurde, um jene vergangenen schmerzlichen Erlebnisse zu unterdrücken.«

»Du hast vielleicht schon selbst entdeckt, daß die Färbung der Zeit-Linie, die Helligkeit, die Größe, und zwar ganz gleich, ob die Zeit-Linie zusammenhängend ist oder nicht, uns eine ganze Menge Informationen liefert. Wenn die Zeit-Linie nicht zusammenhängend ist, dann verbrauchst du Energie, die du für deine Ziele in der Zukunft verwenden könntest. Also, indem du alle diese vergangenen Ereignisse heilst, wird dir das ermöglichen, mehr von dieser Energie für die Zukunft zu verwenden. Es gibt da außerdem noch ein paar andere vergangene Hindernisse, die ich auch gerne klären würde.«

»Nun, während du das Ziel betrachtest, das du aufgeschrieben hast, und das wir in deine Zukunft gelegt haben, frage ich mich dabei, ob du wirklich ganz und gar auf das Erreichen dieses Zieles ausgerichtet bist. Ich möchte dich also bitten, nach innen zu gehen und festzustellen, ob du wirklich auf das Erreichen deines Zieles eingestellt bist. Das heißt, ist dieses Ziel etwas, das du wirklich willst für dich, und ist es von allen Teilen in dir voll und ganz erwünscht?«

»Verlangst du wirklich nach diesem besonderen Ziel? Ist es etwas, was die ganzen hundert Prozent in dir wirklich wollen?«

In Milons Kopf begann sich wieder alles zu drehen. Diese Art von Gespräch war ihm neu. Aber plötzlich sagte eine Stimme in ihm „Nein". Und so schüttelte Milon seinen Kopf und sprach es laut aus: »Nein.«

Der Zauberer erwiderte: »Nun, wenn es einen Teil von dir gibt, der nicht voll mit diesem besonderen Ziel übereinstimmt - wenn ein Teil von dir denkt, daß es nicht in Ordnung geht, etwa daß „Menschen wie wir so etwas nicht bekommen". Oder wenn ein Teil von dir sagt, daß du das nicht bekommen solltest oder haben darfst, würde ich diesem Teil vorschlagen: wenn er einmal seine höchste Absicht für sich in Betracht ziehen sollte, und ich meine nicht nur die eigene Absicht dieses Teils, ich meine seine höchste Absicht für dich als ein menschliches Wesen; während dieser Teil seine höchste Absicht für dich abwägt, sieht er auch, daß er, indem er dieses Ziel unterstützt, seine eigene Absicht viel leichter für dich erreichen könnte. Ja, nicht wahr?«

Milons Aufmerksamkeit schien in seinem Geist herumzuwandern und er schüttelte seinen Kopf, um das zu klären. Die Macht der Worte des Zauberers bewirkten in ihm, daß sich seine Aufmerksamkeit verschob. Und wieder war er sich nicht im klaren darüber, was der Zauberer gesagt hatte; aber er fühlte, daß sich irgend etwas in ihm verschob. Es ergab keinen Sinn, aber er spürte, das brauchte es auch nicht. In sich hörte er eine Stimme sagen: „Ja. In Ordnung," und er nickte: »Ja.«

»Sehr gut, exzellent.« Der Zauberer fuhr fort: »Wenn du also über dieses besondere Ziel in dir nachdenkst, genau wie es der Teil in dir jetzt tut, kannst du dann zu dem Schluß kommen, daß alle Teile deines Unbewußten in dir vollkommen übereinstimmen und bereit sind, dieses besondere Ziel zu unterstützen?«

Zu Milons Überraschung begann sein Kopf zu nicken. »Ja«, und er lächelte. Das fühlte sich gut an.

Dann sagte der Zauberer: »Dies ist die zweite Möglichkeit, vergangene Hindernisse zu bereinigen - die Zustimmung aller Teile deines unbewußten Geistes zu erhalten.« Er wartete einen Moment lang, um Milon die Zeit zu geben, das zu verarbeiten und sagte:»Können wir weitermachen?«

Milon lächelte,»Ja.«

»Die dritte Sache, die ich dir gern vorschlagen möchte, ist, daß du darüber nachdenkst - und behalte dabei dein Ziel im Auge -, ob es irgendwelche Entscheidungen in deinem Leben gibt, die du in der Vergangenheit getroffen hast, die dich eingrenzen oder dich davon abhalten würden, dieses besondere Ziel zu erreichen?«

Milon dachte darüber nach, als der Zauberer fortfuhr: »Wenn du es wissen würdest, daß es da eine einschneidende Entscheidung gäbe, wann wäre das gewesen? Gibt es irgendwelche einschränkenden Entscheidungen, die du in der Vergangenheit getroffen hast, die dich davon abhalten, dieses besondere Ziel zu erreichen? Geh nach innen und schau nach, ob es derartige einschränkende Entscheidungen gibt. Vielleicht ist es eine Entscheidung in deiner Vergangenheit, die deine Fähigkeit betrifft, ob du etwas haben oder nicht haben darfst: Zum Beispiel was du in deinem Leben willst, etwa Entscheidungen, die Geld oder Beziehungen angehen. Frag dich also, ob es so etwas gibt, das mit diesem Ziel zusammenhängt.«

»Hast du eine einschneidende Entscheidung in deiner Vergangenheit gefunden, die dich einschränken könnte?«

»Ja«, sagte Milon,»gibt es so etwas nicht bei jedem?«

Der Zauberer erwiderte:»Bei den meisten Menschen, aber sie sind sich dessen nicht bewußt. Der Prozeß hier besteht darin, sich dieser Entscheidungen bewußt zu werden und sie dann der Macht zu berauben, die sie einmal hatten. Können wir weitermachen?«

Milon nickte:»Ja.«

»Die Art und Weise, wie ich das feststellen würde, wenn dein Unbewußtes es wüßte, und wenn du deinem Unbewußtem trauen könntest - und ich weiß, daß es du kannst -, ich würde also dein Unbewußtes bitten, daß es dich wissen läßt: Wann ist der genaue Moment gekommen, diese emotionale Verbindung zu trennen, die, wenn sie getrennt wäre, es dir ermöglichen würde, die Wahl zu haben, was dieses besondere Ziel angeht. Damit du wirklich wählen kannst, ob du es haben willst.«

»Wenn dein Unbewußtes das wüßte, könnte es dich zu dem Moment zurückbringen, als du diese besondere einschränkende Entscheidung getroffen hast? Könntest du zurückgehen in die Vergangenheit und es einfach zulassen, daß dich dein Unbewußtes genau an diesen Moment zurückbringt?«

Während Milon zuhörte, wurde er plötzlich zurückgeschleudert zu einer Kindheitserinnerung, als er persönliche Macht zurückgewiesen hatte.

»Gleite in deinen Körper hinein zu diesem Zeitpunkt, an dem du diese einschränkende Entscheidung trafst, und ich möchte dich bitten darauf zu achten, welche Gefühle zu diesem Zeitpunkt dort sind. Würdest du sie still für dich selbst benennen. Bemerke, welche negativen Gefühle zu diesem Zeitpunkt in deinem Körper sind, als du diese einschränkende Entscheidung trafst.«

Milon spürte, wie sein Körper von den negativen Gefühlen, die er zu jenem Zeitpunkt erfahren hatte, überwältigt wurde, und er zog eine Grimasse.

Der Zauberer fuhr fort: »Komme aus dieser Erinnerung heraus, wenn das in Ordnung ist. Ich möchte auch, daß du weißt, daß es bei diesem besonderen Ereignis gewisse positive

Dinge gab, die du daraus gelernt hast. Bevor wir also diese einschneidende Entscheidung löschen und die Emotionen, die damit zusammenhängen, würde ich dir gerne vorschlagen, daß du alle positiven Dinge, die du aus diesem Ereignis gelernt hast, an jenen speziellen Ort in dir bringst, den du für solche Lernerfahrungen reserviert hast; und speichere sie dort auf eine Weise, daß sie das Erreichen des Ergebnisses, das du im Sinn hast, vollkommen unterstützen - so hast du also tatsächlich etwas von diesem Ereignis gelernt. Und jetzt kannst du in der Tat weiter den Prozeß des Erreichens deiner Ziele verfolgen, nicht wahr?«

Milon nickte:»Ja.«»Nachdem du das auf der unbewußten Ebene getan hast, begib dich wieder hoch über deine Zeit-Linie, wenn du willst, und gehe fünfzehn Minuten vor den Anfang des Ereignisses zurück, das zu diesem besonderen Ereignis führte.«

»Nun, vielleicht gibt es einen Teil in dir, der wirklich meint, daß es wichtig für dich ist, etwas von diesem Ereignis zu lernen. Und ich stimme dem zu: es ist wichtig, daß du etwas von diesem Ereignis lernst. Was ich dir gerne vorschlagen möchte ist, daß du das, was du dort gelernt hast, zu jenem speziellen Platz in dir bringst, den du dafür reserviert hast.«

»Wenn dieser Teil von dir wüßte, daß du tatsächlich etwas gelernt hast von diesem Ereignis, wäre er dann bereit, dir zu erlauben, diese Gefühle loszulassen? Ja, oder? Also, kannst du, was du gelernt hast, in angemessener Weise speichern, so daß du die negativen Gefühle loslassen kannst?«

»Du kannst es, nicht wahr? Und ist dieser Teil von dir jetzt gewillt, dir zu erlauben, diese negativen Gefühle loszulassen? Ja, nicht wahr?«

Milon spürte, wie sein Kopf nickte.

»Nun, jetzt geh noch weiter zurück, vor jenes Ereignis, das zu diesem besonderen Ereignis führte, vor jenes Ereignis, und drehe dich dann so, daß du in Richtung Gegenwart schauen kannst. Und während du über diese Gefühle nachdenkst, jetzt - wo sind sie, diese Gefühle?«

»Weg!« rief Milon aus.

»Sehr gut, exzellent, also laß diese Gefühle einfach los, und ich sähe es ganz gerne, wenn du auch diese Entscheidung noch einmal in Betracht ziehst. Ist die Entscheidung auch verschwunden? Schau genau hin!«

Milon war erstaunt, als er spürte, wie die Gefühle sich abhoben und von der Erinnerung verschwanden. Die Entscheidung verschwand auch, und er lächelte, während er bemerkte, daß diese Erinnerung nun rein zu sein schien; jedenfalls kam es ihm so vor.

»Merkst du wie du lächelst? Sind die Emotionen verschwunden?« Milon nickte: »Ja.«

»Sehr gut«, sagte der Zauberer. »Denn es gibt da eine Sache mit einschränkenden Gefühlen und einschränkenden Entscheidungen: Sie können den Test der „Prüfung durch die Zeit" nicht bestehen. Wenn du also deine zeitliche Perspektive in bezug auf diese Gefühle oder Entscheidungen einfach umschaltest, dann verschwinden sie. Und was ich dir gerne vorschlagen möchte ist, daß du an der Stelle der Entscheidung, die verschwunden ist zusammen mit den Gefühlen, daß du also an dieser Stelle zum gleichen Zeitpunkt eine andere Entscheidung installierst, die lautet: „Es geht in Ordnung für mich, dieses Ziel zu haben oder Ergebnis anzustreben, das ich erreichen will."«

»Lege diese Entscheidung fest: „Es ist selbstverständlich für mich, das bekommen zu können, was ich will, wenn ich mich nur entscheide, es zu erhalten." «

»Würdest du das bitte in jene besondere Erinnerung einbauen? Stell dir einfach vor, daß es in Ordnung für dich ist „die Wahl zu haben" - die Wahl zu haben, alles zu erhalten, was immer es ist, das du willst. Also installiere das jetzt in jene Erinnerung.«

Der Zauberer wartete einen Moment ab und fragte: »In Ordnung?«

Milon nickte.

»Komm jetzt, nur so schnell, wie du all den Ereignissen zwischen damals und jetzt ermöglichen kannst, sich selbst neu zu bewerten, im Licht der Wahlmöglichkeiten zu haben, was immer es ist, das du erhalten willst. Besonders im Lichte deiner Wahlmöglichkeit, dieses besondere Ereignis zu erreichen, dieses Ziel, das du dir als Ergebnis deiner Bemühungen ausgesucht hast.«

»Achte darauf, daß du schon damals über diese Wahlmöglichkeit hättest verfügen können. Aber du hattest dich aufgrund der Entscheidungen, die du damals trafst, und die wir gerade zerstört haben, dazu entschieden, eben nicht wählen zu können. Triff also dieses Mal die Entscheidung, die Wahlmöglichkeit zu haben.«

Milon nickte.

Milon spürte, wie sich seine ganze Vergangenheit veränderte und umordnete. Er dachte:»Mit Lichtgeschwindigkeit, scheint es oder sogar schneller, vielleicht mit 7,57-facher Lichtgeschwindigkeit... Toll, woher kam das?«, fragte er sich.

»Und wenn du zurückkommst ins Jetzt, komme einfach wieder herab und ordne deine Zeit-Linie auf eine Weise an, die dir am angenehmsten ist. Und wenn du wieder hier bist, öffne deine Augen.«

Milon öffnete seine Augen und fühlte, daß seine Erinnerungen auf der unbewußten Ebene vollkommen neu angeordnet waren, und er fühlte sich auch vollkommen in der Kontrolle.

»Laß uns noch eine weitere Sache machen: hast du Schuldgefühle?«, fragte der Zauberer.

»Natürlich«, erwiderte Milon, »jederman hat sie, oder?«

»Die meisten Menschen haben welche, und es hält sie davon ab, das zu erreichen, was sie wollen. Manche Menschen haben keine Schuldgefühle, und sie sollten sich deswegen schuldig fühlen.«

Milon lachte.

»Ich mache nur Witze«, sagte der Zauberer.

»Er ist wirklich in Ordnung, wenn man ihn erst näher kennt«, dachte Milon.

»Laß uns einmal einen Blick auf „Schuldgefühle" werfen. Denn genau wie einschränkende Entscheidungen, können uns auch Schuldgefühle davon abhalten, die Dinge zu erlangen, die wir haben wollen. Schuld ist tatsächlich eine Sache, mit der man ziemlich einfach umgehen kann, wenn man die Zeit-Linie dazu gebraucht. Wir haben die eher komplexe Angelegenheit mit einschränkenden Entscheidungen zuerst genommen, also sollte dir der Umgang mit Schuldgefühlen leicht fallen.«

»Kannst du dich an etwas aus deiner Vergangenheit erinnern, wofür du dich schuldig fühlst? Etwas, bei dem du, wenn du jetzt daran denkst, immer noch diese Gefühle von Schuld empfinden kannst?«

Milon nickte,»Ja.«

»Gut, ist es in Ordnung, sie loszuwerden?«

Milon nickte.

»Um was ich dich gerne bitten möchte ist, daß du noch einmal hoch über die Zeit-Linie gehst, und dich zurück begibst zu jenem Zeitpunkt fünfzehn Minuten vor dem Anfang eines Ereignisses, bei dem du dich schuldig fühltest. Ich würde gerne deinem Unbewußten mitteilen, daß ich dem voll zustimme, wenn es einen Teil von dir gibt, der denkt, daß du etwas von diesem Ereignis gelernt haben solltest. Du solltest tatsächlich etwas gelernt haben von diesem Ereignis. Also ist das, was ich dir gern vorschlagen möchte, daß du jene positiven Lerneffekte, die du von diesem Ereignis hättest mitnehmen sollen, an jenem besonderen Ort speicherst, den du für alle solche Lernprozesse reservierst. Und zwar auf eine Weise, die dich dabei unterstützt, all das haben zu können, was du in der Zukunft haben willst; und wisse dabei, daß du das hier - ich meine die Schuldgefühle - nicht mehr zu haben brauchst.«

»Und wenn du das getan hast, ginge es in Ordnung mit dem Teil von dir, der für diese Art von Lernprozessen verantwortlich ist? Das ginge in Ordnung, nicht wahr? Denn es würde dem Teil in dir ja ermöglichen, seine Absichten viel leichter zu erreichen.«

Milon nickte.

»Sehr gut, dreh dich um und schaue in Richtung Jetzt. Ich möchte dich bitten, einmal für einen Moment dieses Ereignis zu betrachten, bei dem du dich schuldig fühltest, und ich würde dir gerne eine Frage stellen. - Nun, wo ist die Schuld?«

Zu Milons Überraschung war sie verschwunden. Er sagte dem Zauberer, daß sie weg sei.

»Sehr gut, und du kannst sie einfach loslassen. Nun, die Art und Weise wie wir wissen, daß die Schuldgefühle verschwunden sind, ist, daß du jetzt zurückgehen kannst, wieder in diese Erinnerung hinein; und du wirst feststellen, daß sie jetzt das ist, was ich emotional ausgeglichen oder „flach" nenne.«

»Das heißt nicht, daß du jetzt dieses Ereignis genießen solltest, es bedeutet nicht, daß du jetzt glücklich sein solltest über dieses Ereignis. Aber was es bedeutet ist, daß du dich jetzt in der Lage befinden solltest, in das Ereignis hineinzugehen und es als emotional ausgeglichen zu erfahren, oder zumindest als positiv. Und wenn du das tun kannst, dann hast du in der Tat die Schuldgefühle von jenem Ereignis gelöscht.«

»So ist es«, rief Milon.

»Milon, Schuld ist das schlimmste Gefühl, die schlimmste Emotion auf diesem Planeten. Es ist wirklich so. Ich meine, was kannst du zu dem tun, was du bereits getan hast; und doch werden wir alle so erzogen, daß wir uns schuldig fühlen. Nun, manchmal ist Schuld angemessen, und es sollte sie geben, aber der größte Teil der Schuldgefühle, die die Menschen in unserem Land haben, ist unnötig. Und so gehen wir durch unser Leben und fühlen uns schuldig zu Ereignissen, die vorbei und vergessen sind. Was kannst du noch an etwas ändern, das schon vorbei ist? Nicht viel. Also das Problem mit der Schuld besteht darin, daß sie einen davon abhält, das großartige menschliche Wesen zu sein, von dem ich weiß, daß du es bist, Milon. Also: Schuldgefühle, die wir mit uns herumtragen, halten uns davon ab, vollkommen uneingeschränkt zu leben. Sie berauben uns der Energie für die Zukunft.«

»Weißt du, was du zu tun hast, Milon?«»Kannst du es bitte noch einmal für mich wiederholen, damit ich es hinschreiben und in Zukunft gebrauchen kann?«, fragte Milon.

»Der Prozeß zur Zerstörung jeglicher negativer Emotionen, eingeschlossen die Schuldgefühle, ist einfach. Wenn das hier die Vergangenheit ist, ist das die Zukunft und das ist Jetzt«, sagte der Zauberer, indem er Milons Stift nahm und in dessen Notizbuch zeichnete. »Und das hier ist das Ereignis. Der Prozeß ist sehr einfach. Wenn du dich einfach über deine Zeit-Linie begibst, gleite langsam hinunter in das Ereignis, stelle fest, welche Gefühle du dort vorfindest. Drehe dich um und schaue in Richtung Jetzt. Und denke daran, daß du dich über der Zeit-Linie befindest und über den oberen Rand deiner Zeit-Linie hinwegschaust, und du wirst feststellen, daß das Schuldgefühl verschwindet.«

Folgendes hielt der Zauberer in Milons Notizbuch fest:

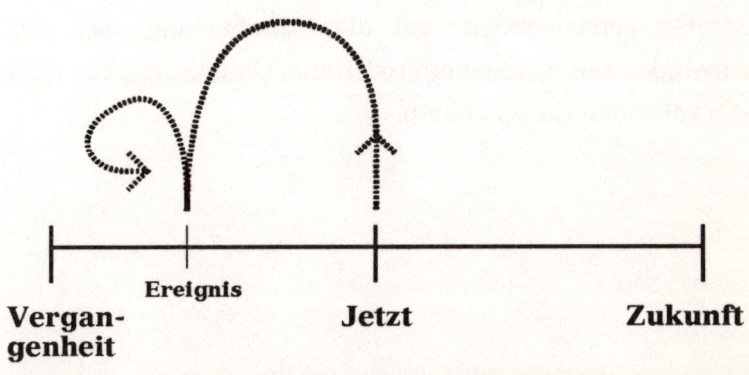

Negative Emotionen

»Wenn du mit Schuld arbeitest, geh einfach fünfzehn Minuten vor das Ereignis. Das ist das, was wir heute getan haben. Typischerweise wissen die Menschen genug über ihre Schuldgefühle, sodaß sie also nicht unbedingt in das Ereignis hineinzugehen brauchen. Sie werden einfach feststellen, daß die Schuld verschwindet. Und wenn du dann zurückgehst und wieder in dieses Ereignis hinein, wirst du bemerken, daß das Schuldgefühl tatsächlich verschwunden ist. Das Ereignis ist emotional ausgeglichen. So verfährt man mit Schuldgefühlen.«

»Im Falle von einschränkenden Entscheidungen«, sagte der Zauberer, und er fing wieder an, Notizen zu machen, »ist hier die Zukunft, die Vergangenheit und das Jetzt. Laß uns einmal annehmen, wir haben hier eine einschränkende Entscheidung. In diesem Fall ist der Prozeß im wesentlichen der gleiche, nur ist hierbei der erste Schritt bindend. Was du also machst, ist, in das Ereignis hinuntergehen und feststellen, welche Emotionen du dort vorfindest. Das ist Schritt Nummer Eins. Schritt Nummer Zwei: Geh zurück aus dem Ereignis heraus, drehe dich herum und schaue in Richtung Jetzt, und du wirst feststellen, daß die Gefühle verschwinden und die Entscheidung auch verschwindet. Das ist also der Prozeß zum Umgang mit einer einschränkenden Entscheidung.«

Folgendes hielt der Zauberer in Milons Notizbuch fest:

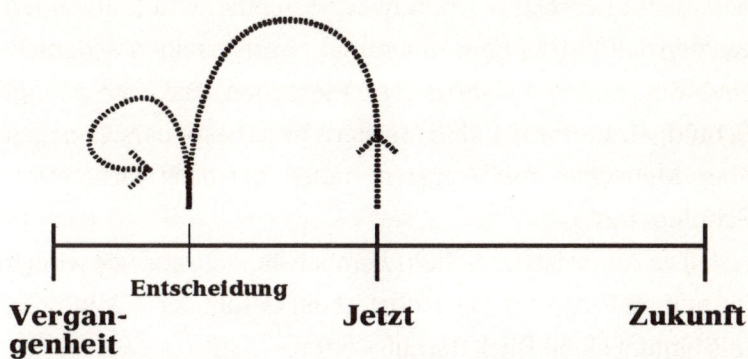

Vergan-   **Entscheidung**   **Jetzt**   **Zukunft**
genheit

Einschränkende Entscheidungen

»Verstehst du, Milon?«, fragte der Zauberer. »Ja«, erwiderte er. Der Zauberer fuhr fort: »Unser Gehirn ist normalerweise wirklich schnell. Der Geist eines Menschen ist etwas wirklich extrem Schnelles. Wo wir gerade dabei sind: Diese Techniken sind zu deinem eigenen, persönlichen Gebrauch da. Dies hier sollte nicht als ein therapeutischer Prozeß durchgeführt werden, denn es gibt eine ganze Anzahl von Vorbedingungen, die wir festsetzen, bevor wir losgehen und Schuldgefühle für andere Menschen zerstören. Wenn das jedoch einmal erfolgt ist, wird das Gehirn in der Regel schnell eine Generalisierung durchführen, also eine Verallgemeinerung oder neue Regel erzeugen.«*

---

* Es ist wirklich wichtig, hier festzustellen, daß man den Gebrauch dieser Techniken für die Therapie jemandem überläßt, der in Time-Line-Therapy™ ausgebildet ist; hinsichtlich weiterer Informationen siehe TIME LINE von Tad James (Junfermann 1991).

»Wie steht es mit Ängsten?«, fragte Milon.

»Wo du das gerade fragst: Menschen, die sich nicht besonders damit hervortun, irgendwelche Schuldgefühle zu zeigen, werden dafür in der Regel umso mehr Ängste zeigen. Jedenfalls sind das meine Erfahrungen. Menschen, die eine Menge Schuldgefühle haben, sind meistens nicht besonders ängstlich, aber Menschen mit Ängsten haben normalerweise wenig Schuldgefühle.«

»Die Angst ist der Schuld ziemlich ähnlich, aber sie wirkt in die andere Richtung. Die Angst ist ein Gefühl der Zukunft. Laß uns einmal einen Blick darauf werfen.«

Der Zauberer griff wieder zu Milons Stift: »Also noch einmal, Vergangenheit, Zukunft, Jetzt.«

»Mag sein, daß man in der Vergangenheit Angst hatte, aber typischerweise wird man davon nicht beeinflußt. Was die Menschen normalerweise beinflußt, ist die Angst vor etwas, was in der Zukunft passieren wird. Noch einmal, der Prozeß ist derselbe, nur in diesem Fall gehen wir vorwärts in Richtung Zukunft.«

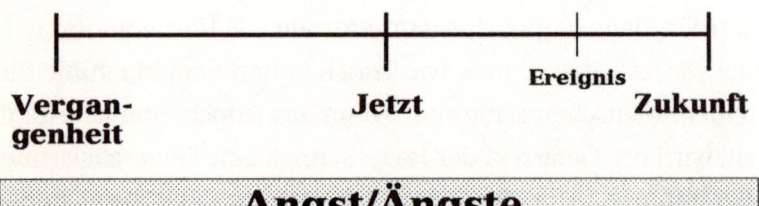

»Fällt dir ein Ereignis ein, vor dem du Angst hast?«

»Natürlich«, nickte Milon.

»Könntest du einmal vorwärts in die Zukunft hineingehen, eine Minute nachdem du dieses Ereignis erfolgreich abgeschlossen hast, vor dem du jetzt noch Angst hast?«

Milon unterbrach den Zauberer, indem er sagte:»Diesmal hat das Ereignis da in der Zukunft sich selbst nicht erfolgreich abgeschlossen. Ich sehe jetzt, was ich nicht will.«

Der Zauberer sagte:»Warum solltest du etwas auf deiner Zeit-Linie haben, was nicht so ist, wie du es willst?«

Milon erwiderte:»Ich weiß nicht. Kann ich es ändern?«

»Ich weiß es nicht, glaubst du, daß du es ändern kannst?«

Milon wurde gleich hinaus zu diesem Ereignis getragen.

»Ja, es geht«, erwiderte er.

»Mach es«, sagte der Zauberer. Als Milon fertig war, sagte der Zauberer:»Die Menschen neigen dazu, irgendwelche Dinge in ihrer Zukunft auf ihrer Zeit-Linie festzulegen, die sie nicht wollen. Jetzt, wo du das Geheimnis des Programmierens deiner Zukunft kennst, kannst du hinaus in die Zukunft gehen. Und betrachte jetzt deine Zukunfts-Zeit-Linie und versichere dich, daß alles da draußen so ist, wie du es geschehen lassen willst, in Ordnung Milon?«

»Ja. Könntest du mir bitte noch ein Diagramm zeichnen?«

»Der Prozeß für Angst, und wir werden ihn gleich durchführen, besteht einfach darin, hinaus in die Zukunft zu gehen, eine Minute nach dem Ereignis, und sich dort so umzudrehen, daß man in die Gegenwart zurückschaut; und dabei kann man beobachten, wie die Angst einfach verschwindet. Wenn du also etwas hast, da in der Zukunft, von dem du dachtest, daß du Angst davor hättest, dann weißt du, was zu tun ist.«

Folgendes schrieb der Zauberer in Milons Notizbuch:

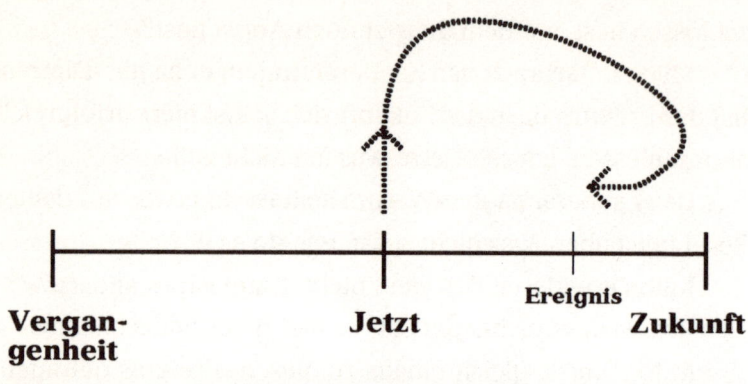

| | | **Ereignis** | |
| **Vergan-genheit** | **Jetzt** | | **Zukunft** |

Angst/Ängste

»Manche Leute brauchen die Angst, um sich „am Riemen zu reißen". Manche Menschen gebrauchen die Angst sogar beinahe gerne, weil sie es ist, die sie motiviert. Wenn es das ist, was du brauchst, um dich selbst zu motivieren, dann wäre es wahrscheinlich nicht besonders angemessen, sämtliche Ängste loszuwerden, die du hast. Aber ich möchte dir gerne vorschlagen, einmal in Betracht zu ziehen, daß es wahrscheinlich ein wenig gesünder ist, sich auf andere Art und Weise zu motivieren.«

»Das Problem mit der Angst als Motivation besteht darin, daß sie den Körper in einen Zustand bringt, in dem er nicht so leicht funktioniert, wie er es könnte. Das heißt also, daß die Angst in der Regel ihren körperlichen Preis fordert. Wenn du also die Angst gebrauchst, um dich selbst zu motivieren, und nicht bereit wärest, diese Ängste loszulassen, würde mein

Vorschlag so lauten: Behalte diese Ängste so lange wie du sie notwendigerweise brauchst, um dich selbst zu motivieren; aber nicht länger, als bis du bereit bist, andere Wege und Mittel zu finden, mit denen du dich motivieren kannst, und die viel gesünder für dich sind. Ist das in Ordnung, Milon?«

Milon nickte. »Ich lasse die Angst los, und ich verstehe.«

»Hier ist eine andere Möglichkeit, wie du mit einer Angst umgehen kannst«, sagte der Zauberer. »Willst du es einmal einen Moment mit mir durchspielen?«

»Sicher«, erwiderte Milon.

»In der Tat erzeugt auch eine Verschiebung der Position der Angstgefühle in deinem Körper einen großen Unterschied. Erinnerst du dich an ein anderes Ereignis in der Zukunft, vor dem du Angst hast?«

Milon nickte.

»Komm in Berührung mit dem körperlichen Gefühl der Angst in deinem Körper, und während du das machst, stelle fest, ob du es drei Zentimeter nach oben bewegen kannst. Drei Zentimeter höher als die Stelle, wo du es in deinem Körper fühlst.«

Zu Milons Überraschung änderte es sich.

Er versuchte dem neuen Gefühl einen Namen zu geben, als der Zauberer sagte: »Du wirst bemerken, daß es sich in Erwartung verwandelt. Jetzt bewege es wieder drei Zentimeter nach unten und stelle fest, daß es nicht wirklich Angst ist. Tatsächlich sind die Gefühle bei vielen Ereignissen, wo wir eigentlich denken, daß es Angst sei, nur Erwartung. Und jetzt weißt du, daß du einfach, indem du den Ort des Gefühls leicht veränderst, die Bedeutung des Ereignisses verändert hast.«

»Wow, das kann ich gebrauchen«, dachte Milon.

»Verstehst du?«, fragte der Zauberer.

»Ja«, dachte Milon, und damit war der Zauberer verschwunden. Milon blickte weiter aus dem Fenster. Er versenkte sich tief in das hinein, was er erfahren hatte.

8

DAS WESEN DES WOHLSTANDS

»Was ist das Wesen des Wohlstands?«, fragte Milon, »Warum scheinen manche Menschen das Geld geradezu anzuziehen, während andere so viele Probleme damit haben?«

»Wenn Menschen Probleme damit haben, Geld an sich zu ziehen, Milon, so liegt das daran, daß sie bestimmte Prinzipien nicht verstehen. Es ist oft auf einschränkende Überzeugungen oder Entscheidungen zurückzuführen«, sagte der Zauberer.

»Was muß ich tun, damit das Geld mir zufließt?«, fragte Milon.

»Verstehe es recht, Milon. Es ist nicht Geld, was du willst, es ist „Wohlstand". Geld dazu zu bringen, dir zuzufließen, ist nicht schwer. Das ist nur eine Sache des Gebrauchs der universellen Prinzipien, von denen du bereits gelernt hast, wie du zum Beispiel die Gedanken in deinem Geist dazu bringen kannst, sich auf den Gedanken oder die Idee von Wohlstand zu konzentrieren. Du brauchst lediglich ein tiefes Verständnis der Gesetze des Wohlstands in dir zu etablieren, die ich „Wohlstandsbewußtsein" nenne.«

»Das Gegenteil ist ein „Mangelbewußtsein". Ein Mangelbewußtsein wird den freien Zufluß von Geld in dein Leben verhindern. Und das ist für niemanden wirklich von Nutzen. Ich habe herausgefunden, daß man nur einige bestimmte Überzeugungen oder Glaubenssätze braucht, die notwendig sind, und das Wohlstandsbewußtsein wird sich einstellen.«

»Milon, dieses Universum ist ein Universum des Überflusses. Es gibt keinen Mangel an irgend etwas in diesem Universum.«

Milon schrieb:

Wohlstands-Glaubenssätze

Glaubenssatz 1:

1. Das Universum ist voller Überfluß.

»Als nächstes, Milon, ist es wichtig, daß man glaubt, daß das Universum will, daß du in Wohlstand lebst. Das Universum will sehen, daß du genug hast und daß du allen Überfluß hast, den du dir wünschst.«

»O.k.«, sagte Milon und schrieb:

Glaubenssatz 2:

2. Das Universum will, daß mein Wohlstand wächst und gedeiht.

Der Zauberer sprach: »Ein großer Mann hat einmal gesagt: „Das einzige, was ein Mensch für sich selbst entdecken muß, ist, ob das Universum ihm wohlgesonnen ist oder nicht". Schau, Milon, es ist freundlich, oder?«

Milon nickte, »Ja.«

»Ja, wirklich. Und es möchte, daß es dir wohlergeht und daß du aufblühst. Schau dich um, es gibt unendlichen Überfluß, es gibt keinen Mangel an Überfluß in der Natur, verstehst du?«, fragte der Zauberer.

»Ja«, sagte Milon.

»Die nächste Überzeugung lautet, daß aller Wohlstand mit einer Idee in deinem Geist anfängt. Wenn das Universum reine Intelligenz ist, dann reagiert es auf deinen geistigen Zustand.«

Milon schrieb:

Glaubenssatz 3:

3. Aller Wohlstand beginnt mit einer Idee, und das Universum antwortet.

»Aller Wohlstand wird zunächst vom menschlichen Geist erzeugt. Geschäftliche Unternehmungen bauen auf Ideen auf. Bevor das Geschäft seine Türen öffnen konnte, bevor irgendwelches Geld in ein Geschäft fließen konnte, gab es eine Idee. Jedes Unternehmen beginnt im Geist. Also, beginnt Wohlstand im Geist.«

»Wenn das der Fall ist, dann bringt härteres Arbeiten nicht mehr Geld hervor, noch wird das Verlängern der Arbeitszeit mehr Geld hervorbringen. Um seinen Wohlstand zu steigern, ist es erforderlich, daß man seine Gedankenprozesse so ändert, daß sie sich auf Wohlstandsgedanken konzentrieren. Der Geldfluß im Leben eines Menschen ist das direkte Ergebnis der Art seiner Gedanken.«

»Was ist das für eine Art zu denken?« fragte Milon.

Der Zauberer sagte:»Bewirke einfach eine Veränderung in der Qualität der Gedanken in dir, so daß der größere Teil deiner Gedanken sich um Wohlstand dreht, anstatt daß du allzuviel darüber nachdenkst, was dir fehlt. Gelingt es dir, eine Veränderung in deinen Gedanken herbeizuführen, so wird das unmittelbar Wohlstand erzeugen. Du kannst die Art und Weise, wie sich das Geld dir gegenüber verhält, ganz einfach verändern, indem du nur **was** und **wie** du über Geld denkst, veränderst. In der Tat, habe einfach die Idee: „Das Universum will, daß es mir gut geht." immer vor Augen. Also, einfach der Gedanke eines überfließenden Universums - eines dich unterstützenden Universums, wo es Wohlstand für alle gibt -, das wird ein „Wohlstandsbewußtsein" erzeugen.«

»Das bedeutet, daß du daran glaubst, daß es einen Überfluß gibt und „genug für alle" und daß alle wohlhabend sein sollten. Einfach die Idee, daß es genügend gibt, erzeugt ein Überfluß-Bewußtsein. Auf der anderen Seite werden Gedanken, daß es nicht genug gäbe, oder ein Mangelbewußtsein, Blockaden erschaffen (die du selbst erzeugst), die den Zufluß von Geld zu dir einschränken.«

»Der menschliche Geist hat eine unendliche Macht. Der menschliche Geist ist in seinen Tiefen die gleiche Intelligenz, die das Universum ausmacht. Wie das Universum - reine Intelligenz. Du hast dieselbe Macht in dir, und sie ist für dich erreichbar und erhältlich. Sie steht unter deinem Befehl. Was dich davon abhält, deine Macht zu erkennen, ist der Gedanke, daß du diese Macht nicht hast. Wenn du an letzteres glaubst, dann ist dein Denken nicht in Übereinstimmung mit deinen Zielen, also ist die Wahrscheinlichkeit, daß du das erhältst, was du als dein Ziel hinschreibst, deutlich geringer.«

»Siehst du, der Geist bringt immer die Ergebnisse hervor, die genau deinen Anweisungen entsprechen. Wenn dein Denken und deine Ziele nicht in Übereinstimmung sind, wird das Denken den Sieg davontragen.«

»Du gehst die Straße hinunter und siehst etwas, was du

gerne hättest, vielleicht sogar etwas, was du als eines deiner Ziele aufgeschrieben hast (wie ein neues Auto). Und doch, obwohl das Verlangen da ist, sagt dir dein Verstand: „Oh, das kannst du dir nicht leisten!" Das kennst du, nicht wahr?«

»Ja«, antwortete Milon.

»Diese Art zu denken schränkt den Wohlstand ein«, sagte der Zauberer.»Ich gebrauche einmal das Licht als ein Gleichnis: Das Licht einer Glühbirne reicht manchmal noch nicht einmal aus, damit du in deinem Notizbuch lesen kannst.«Der Zauberer zeichnete es auf:

»Ich meine, wenn es nicht noch eine andere Lichtquelle in deinem Zimmer gäbe. Aber Laserlicht kann man bis zum Mond schicken und es wird reflektiert. Und warum? Weil das Licht in einem Laser ausgerichtet ist. Jeder Lichtstrahl ist synchron mit jedem anderem Strahl des Lichtes, etwa so:«

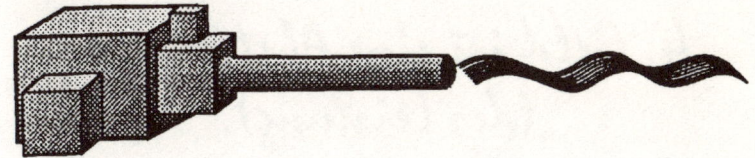

sagte der Zauberer und zeichnete es auf.

»Ohne Ausrichtung des Denkens gleicht dein Geist der Glühbirne, wenn es um deine Wünsche geht. Dein Geist ist dann voller Gedanken, die nicht ausgerichtet sind auf deine tatsächlichen oder erklärten Wünsche, die du hast.«

»Die sechste Bedingung beim Programmieren deiner Zukunft besteht darin, alle Gedanken auszulöschen, die nicht in Übereinstimmung mit dem erwünschten Ziel, Ergebnis oder Zustand sind. Arbeite an deinem Denken, gebrauche die universalen Gesetze und erzeuge Gedanken, die dich dabei unterstützen, das zu erhalten was du willst.«

»Verstehst du?«, fragte der Zauberer.

»Ja«, sagte Milon.

»Gut, der nächste Glaubenssatz lautet, daß Geld eine Abstraktion ist - eine Abstraktion von Arbeit. Der Wert von Arbeit, die du leistest, die Menge an Waren und Dienstleistungen, die du herstellst, wird abstrakt bemessen durch den Wert des Geldes, den man dir bezahlt.«

Glaubenssatz 4:

4. Geld ist eine Abstraktion (der Leistung).

»Wenn wir all die eben genannten Glaubenssätze als gegeben mit einbeziehen - daß aller Wohlstand im Geist beginnt, und Geld eine Abstraktion ist, dann kann man folgendes sagen: Je höher der Abstraktionswert einer Idee, desto größer ist der Wert. In dem Maße, in dem du die Qualität einer Idee erhöhst, steigerst du ihren Wert. Das ist der Grund dafür, daß wichtige Ideen uns oftmals in ihrer Einfachheit „erschlagen". Das bedeutet auch noch etwas anderes; nämlich wenn wir die Abstraktheit der Ideen in unserem Geist steigern, erhöhen wir ihren Wert. Das Nettoresultat ist eine Steigerung unseres Wohlstandes.«

»Daher strebe danach, den Abstraktionsgrad, mit dem du umgehen kannst, zu steigern. Strebe danach, den Abstraktionsgrad deines Denkens zu erhöhen. Strebe nicht danach, mehr Einzelheiten zu bewältigen, delegiere sie. Meditation, Versenkung und Affirmationen sind sehr wertvoll, wenn du den Umgang mit Abstraktionen erlernen willst. Nachdem du das gemeistert hast, wird deine persönliche Bindung mit der universellen Intelligenz hergestellt sein, was dich mit neuen Ideen und Gedanken versorgen wird, die all die spezifischen Ideen in deinem Geist synthetisieren werden. Das wird sich ausweiten und so zu mächtigeren Ideen führen, und dir so ein größeres Einkommen verschaffen.«

»Man kann jeden Gedanken abstrakt oder spezifisch diskutieren. Die Bandbreite von abstrakt zu spezifisch ist wie eine Hierarchie. Eine Hierarchie, das bedeutet: Je höher etwas ist, desto mehr umfaßt es - je abstrakter eine Idee ist, desto allgemeiner ist sie, und desto mehr kontrolliert sie andere spezifische Ideen. Die unendliche Quantenebene des Universums ist reine Abstraktion, reine Intelligenz. Während du also die Fähigkeit deines Geistes im Umgang mit Abstraktionen steigerst, erfährst du eine stärkere Verbindung mit der universellen Intelligenz. Wenn du das machst, wird sich dein Wohlstand automatisch erhöhen.«

»Ergibt das einen Sinn, Milon?«, fragte der Zauberer. »Oh ja«, sagte Milon. »Das ist gut, Milon. Als nächstes sollst du wissen, daß Geld keine eigene Intelligenz hat.«

Milon schnappte nach Luft, als er hinschrieb:

Glaubenssatz 5:

5. Geld hat keine eigene Intelligenz.

Der Zauberer fuhr fort: »Die meisten Menschen handeln jedoch, als ob Geld eine eigene Intelligenz hätte. Die meisten Menschen handeln tatsächlich, als wenn Geld einen eigenen

Geist oder Verstand hätte. Sie sagen Dinge wie „Das Geld rinnt mir einfach durch die Finger.", oder „Geld mag mich einfach nicht."«

»Milon, wenn ich hundert Münzen hier auf den Tisch legte, würden diese nichts aus freien Stücken unternehmen. Sie würden überhaupt nichts tun, bis jemand vorbeikäme und etwas mit ihnen machte. Geld folgt genau deinen Anweisungen. Es geht nicht weg von dir ohne deine Anweisung, und es kommt auch nicht zu dir ohne deine Anweisung.«

Geld reagiert nur auf meine Anweisungen.

Milon schrieb:

»Der letzte Glaubensatz lautet, daß Geld danach verlangt, daß du dir seiner die ganze Zeit über bewußt bist. Das betrifft dein persönliches Leben genauso wie dein Geschäftsleben. Der Schlüssel dafür ist, Milon: Geld verlangt Aufmerksamkeit für Geld.«

Glaubenssatz 6:

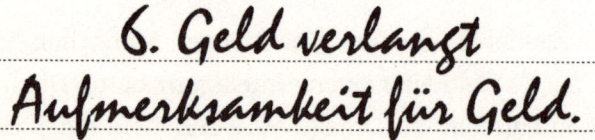

6. Geld verlangt Aufmerksamkeit für Geld.

»Du mußt wissen wo du stehst, Tag für Tag. Die Kaufleute in unserer Stadt zum Beispiel müssen regelmäßig einen Blick auf ihr Einkommen werfen, vielleicht zwei- oder dreimal die Woche. In deinem Leben und in deinem Geschäft mußt du wissen, was in bezug auf Geld los ist.«

»Im Geschäftsleben kann man sagen, Milon, daß der Besitzer eines Geschäftes in achtzig bis neunzig Prozent der Fälle von Mißwirtschaft über seine finanzielle Situation nicht Bescheid weiß. Ich weiß nicht, was zuerst kommt - der Mangel an Aufmerksamkeit oder der Mangel an Geld, aber sie gehen Hand in Hand. Wirf regelmäßig einen Blick auf deine Finanzen. Also, Geld verlangt nach Aufmerksamkeit für Geld. Wieviel, woher es kommt, und wohin es geht!«

»Verstehst du?«, fragte der Zauberer.

»Ja«, dachte Milon, und damit war der Zauberer verschwunden.

Milon blickte weiter aus dem Fenster. Er versenkte sich tief in das hinein, was er erfahren hatte.

Er wußte, er war gerade dabei, die Geheimnisse des Universums zu lernen. Er fühlte, wie dankbar er dem Zauberer war, daß dieser seine Geheimnisse mit ihm teilte.

Wohlstands-Glaubenssätze

Das Universum ist voller Überfluß.

Das Universum will, daß ich gedeihe.

Wohlstand beginnt mit einer Idee im Geiste.

Geld ist eine Abstraktion.

Geld hat keine eigene Intelligenz.

Geld verlangt nach Aufmerksamkeit für sich.

9
GRANDIOSE TRÄUME

»Milon«, sagte der Zauberer, und er störte ihn damit ein wenig beim Träumen, »möchtest du gerne wissen, wie du deine Träume verwirklichen kannst, wie du sie zwingender und grandioser machen kannst - und so automatisieren, daß sie sich wie von selbst bewahrheiten?«

»Ja«, sagte Milon, »natürlich. Wohl jeder will wissen, wie man das fertigbringen kann!«

»Heute, Milon«, sagte der Zauberer, »werde ich dich also lehren, wie man grandiose Träume träumt. Zuviele Menschen auf dieser Welt haben dürftige und kleinliche Visionen, dürftige und kleinliche Ziele. Sie kennen keine freudige Erregung, und wer sollte es ihnen übelnehmen. Milon, wenn du große Dinge haben willst, dann erzeuge große Träume, grandiose Träume!«

»In Ordnung«, sagte Milon.

»Wenn es dir recht ist, mache dir noch einmal ein Bild von dem Ziel, das du vor einiger Zeit aufgeschrieben hast. Erzeuge ein Bild von diesem besonderen Ziel oder Ergebnis. Und wenn du es nicht wie durch deine eigenen Augen siehst; geh in deinen Körper hinein und sorge dafür, daß du es genau so siehst, als schautest du durch deine eigenen Augen - damit du siehst, was du sehen würdest, hörst, was du hören würdest, was du zu dir selbst und was andere zu dir sagen würden - und schließlich so, daß du spürst, wie es ist, das Gefühl zu haben, dieses Ziel oder Ergebnis erreicht zu haben.«

Der Zauberer hielt einen Moment inne, während Milon tat wie ihm geheißen wurde.»Und während du durch deine eigenen Augen siehst, daß dein besonderes Ziel oder Ergebnis genau vor dir liegt, möchte ich dich bitten, diesen letzten Schritt zu erzeugen, den du brauchst, damit du weißt: „Ich habe es, ich habe mein Ziel."« Milon nickte:»Ja.«

»Sehr gut, Nun laß uns einmal dieses Bild genau einstellen. Als erstes mache es heller, und heller, so, daß es deine Gefühle verstärkt. Und wenn du es für nötig hältst, es dunkler zu machen, damit sich deine Gefühle steigern, dann mach das. Was immer deine Gefühle am stärksten macht, verändere die Helligkeit so, daß das geschieht. Stelle auf ähnliche Weise auch die Größe und Nähe ein. Mach es größer und bring es näher zu dir.

Du könntest es auch mit „größer und weiter weg" probieren. Was es auch ist, was dem Bild das stärkste Gefühl für dich verleiht, stell die Größe und Nähe so ein, daß sie genau richtig sind.«

»Gut, jetzt die Farbe. Verstärke die Farbigkeit. Manche Menschen mögen es, das Bild mit Pastellfarben zu überziehen, was immer das stärkste Gefühl für dich erzeugt, gebrauche es. Genieße das Gefühl, das zu haben, was du haben wolltest: Schwelge darin und sonne dich in seinem Glanz.«

»Sehr gut. Nimm jegliche weitere Feineinstellung vor, die dir an dem Bild notwendig erscheint. Vielleicht ein paar

Freunde darin, die dir gratulieren, oder sogar deine Tageszeitung, die über deinen Erfolg schreibt, und alle Freunde, die dir gratulieren. Sie sagen: „Junge, du bist der Größte". Was du auch dort mit in dieses Bild hinneinnehmen willst, mach es.«

»Nur so aus Spaß, laß uns mal einen Moment „spielen". Nimm das Bild und projiziere es auf eine Kino-Leinwand. Dazu wirst du einen Moment aus deinem Körper herausgehen müssen, damit du deinen Körper auf der Leinwand sehen kannst. Nimm eine Leinwand, die dreißig Meter hoch ist. Und während die Band oder das Orchester - das Tausend-Mann-Orchester - das Lied spielt, das für dich so voll und ganz deinen Erfolg symbolisiert und garantiert..., wirst du feststellen, daß die Luft um dich herum so stark elektrisch geladen ist, daß Blitze über deinem Kopf zucken, genau in dem Moment, in dem das Orchester den Trommelwirbel spielt. Was für ein Ereignis!«

Milons Geist raste, während er spürte, wie gut es sich anfühlte, das zu haben, was er wollte!

»Nun, um was ich dich jetzt gerne bitten möchte, ist, damit dieses Ereignis so real wird, wie es nur irgend möglich ist, nimm dieses Ereignis und bringe es auf deiner Zeit-Linie zu dem Zeitpunkt, der am besten geeignet ist zu seiner Verwirklichung. Einen Moment, wo das Erreichen deines Zieles für dich nicht mehr zu leugnen wäre; der Moment, wo sein Erreichen sich vollkommen automatisch einstellen würde. Und indem du dieses Ereignis auf der Zeit-Linie festmachst, stelle sicher, daß du deinen Körper auf dem Bild siehst und sorge dafür, daß du, während du das Ereignis auf der Zeit-Linie festmachst, genau siehst, wie alle Ereignisse vorher bis hin zum letzten Schritt automatisch erzeugt werden.«

Milon nickte.

»Und bemerke, daß sich alle Ereignisse zwischen dort und jetzt auf eine Weise aufeinander abstimmen und sich wiederbewerten, so daß das Erreichen dieses Ereignisses absolut sicher ist; also, daß es überhaupt nicht mehr zu leugnen ist, daß dieses Ereignis zur Wirklichkeit geworden ist; es gibt also absolut keine Möglichkeit mehr, daß du dieses von dir festgelegte Ereignis nicht erreichen kannst. Und bemerke, wie alles, was du brauchst, damit dieses Ereignis genau auf die Weise geschehen kann, wie du es programmiert hast, allen Ereignissen zwischen Jetzt und Dann hinzugefügt wird. Bemerkst du das, Milon?«

Milon nickte.

»Sehr gut, noch eine Sache«, sagte der Zauberer. »Nun, während du dort oben über deiner Zeit-Linie bist, möchte ich dich bitten, einmal darauf zu achten, ob es irgendwelche Ressourcen gibt, die du persönlich brauchst. Vielleicht mußt du etwas lernen, oder du brauchst andere Kraftquellen oder Hilfsmittel. Was ich meine ist, daß du einmal in Betracht ziehst, ob es irgendwann in der Vergangenheit eine Zeit gegeben hat, in der du genau diese Ressourcen hattest. Oder hat es einmal eine Zeit gegeben in der Vergangenheit, als du etwas ganz leicht und elegant gelernt hast, auf eine Weise, daß es dich selbst überraschte, wie leicht du etwas gelernt hattest; und es braucht noch nicht einmal eine Lernsituation wie in der Schule oder so gewesen zu sein.«

»Aber vielleicht hast du etwas so leicht und elegant gelernt, daß du, als die Zeit kam, etwas dazu zu sagen, du ganz einfach meintest: „Mann, ich wußte nicht, daß ich das kann". Oder vielleicht hast du auf eine Weise gehandelt, die sogar dich selbst angenehm überrascht hat, so daß du sagtest: „Mensch, hab ich das getan? Ich wußte nicht, daß ich die Fähigkeit dazu hatte!"«

»Wenn es dir recht ist, könntest du einmal zurück in die Vergangenheit gehen zu einem Zeitpunkt wie diesem, und wenn es auf deiner Zeit-Linie keinen davon gibt, stelle es dir vor, wie von jemand anderem, von dem du weißt, daß er diese Ressourcen hat. Und könntest du einfach zurückgehen entlang deiner Zeit-Linie in die Vergangenheit und hinabschweben in das Ereignis, wo du das Gefühl erfährst und spürst, daß es dir wirklich leichtfällt zu lernen, wie du ganz einfach über jegliche Ressource, die du brauchst, verfügen kannst.«

»Erfahre diese Gefühle und bemerke, daß unmittelbar bevor du diese Gefühle spürtest,ein Prozeß stattfand, den dein Unbewußtes durchlief. Dieser Prozeß war genau der Vorgang, der es dir ermöglichte, diese Gefühle erscheinen zu lassen, daß du über jede Ressource leicht verfügen kannst.«

»Und was dein Unbewußtes dabei tat, war, daß es all die Informationen vollständig und höchst wirksam organisierte. Auf diese Weise brachten sie dich an jenen Punkt, an dem es dir möglich wurde, diese Informationen, wie du mühelos etwas lernen kannst, leicht jederzeit in der Zukunft zu gebrauchen.«

»Dein Unbewußtes ist dazu in der Lage. Tatsächlich hat es so etwas schon mehr als einmal für dich getan, und vielleicht bist du dir sogar darüber im Klaren. Und deshalb möchte ich sogar bitten, daß dein Unbewußtes diesen Prozeß aufnimmt: Nimm also dann das Gefühl, über jede Ressource verfügen zu können, die du brauchst, und „wickle" es ganz um dich herum.

»Ja, ganz um deinen Körper herum, und begib dich mit diesem Gefühl noch einmal wieder hoch über deine Zeit-Linie.

Geh weit hinaus in die Zukunft an jenes Ereignis, das wir dort installiert haben. Gleite mitten hinein in dieses Ereignis und installiere den unbewußten Prozeß, das heißt, daß dein Unbewußtes leicht und mühelos alle Ressourcen organisiert, die du brauchtest, um das Ereignis zu erleben. Laß es zu, daß dieser Prozeß unmittelbar vor dem Erreichen dieses besonderen Zieles eingeleitet wird. Nun erlaube es den Gefühlen, sich mit dem Bild des Zieles oder Ergebnisses zu verbinden, so daß du sie fühlst und daß du weißt, daß du diese Fähigkeiten jetzt hast.«

»Sehr gut, ja, sehr gut. Also, wenn du willst, komm jetzt zurück und ordne deine Zeit-Linie auf eine Weise an, die dir am angenehmsten ist und schwebe herab ins Jetzt; und wenn du dazu bereit bist, komm zurück und öffne deine Augen.«

Als Milon zurück ins Jetzt kam, raste sein Geist.

»Erstaunlich - ich kann haben, was immer ich haben will, sein, wer immer ich sein will.« Als er diesen Gedanken dachte, füllten sich seine Augen mit Tränen der Dankbarkeit für den Zauberer. »Ich danke dir, und ich verstehe«, dachte er.

Und der Zauberer war verschwunden.

Milon blickte weiter aus dem Fenster. Er versenkte sich tief in das, was er erfahren hatte.

10

MILON ENTDECKT DEN SINN SEINES LEBENS

»Ich habe alles getan, was du mir bisher aufgetragen hast«, sagte Milon eines Tages. »Aber wo führt das alles hin? Ich meine, woher sind wir gekommen, und wohin gehen wir in diesem Leben, und vor allem, warum sind wir hier?« Dies war das erste Mal, daß Milon es gewagt hatte, diese Fragen zu stellen, die er bisher noch nicht einmal an sich selbst gerichtet hatte. Meistens hatten diese Fragen bewirkt, daß es sich in seinem Kopf zu drehen begann, und Milon war mehr noch ein „Denker" als die meisten Menschen in seinem Land.

Der Zauberer lächelte. »Schließlich, Milon, wird es Zeit, die unbeantwortbare Frage zu stellen, nicht wahr?«

Milon wußte, daß die Frage nach dem Sinn eine verbreitete Frage war. Aber es war eine Frage, die, obwohl sie so verbreitet war, in der Regel nicht beantwortet wurde, jedenfalls nicht in einem kurzen Leben. Und er fragte sich, ob der Zauberer die „entscheidende Frage" beantworten würde.

»Es wird Zeit, Milon«, sagte der Zauberer, »die Frage nach dem Sinn und Zweck deines Lebens aufzunehmen.«

Der Zauberer hielt einen Moment inne, um Milon die Zeit zu geben, seine letzten Worte vollständig abzuwägen. »Wie du weißt, erreichen die meisten Menschen niemals diese Stufe, an der sie beginnen könnten, nach ihrem Lebenssinn zu fragen. Wenn sie es tun, ist die Suche danach oftmals hart, Milon. Es gibt aber einen Prozeß, der es einem Menschen erleichtert, seinen oder ihren Lebenssinn zu entdecken, Milon, und zwar mit der Zeit-Linie. Du bist bereit, Milon, andernfalls hättest du nicht gefragt.«

Milon zitterte in Erwartung dessen, was jetzt kommen würde und nickte: »Ja.«

Der Zauberer sagte: »Gut, laß uns anfangen.«

Milon schloß seine Augen. Und dann sagte der Zauberer: »Wenn wir heute auf unsere Reise gehen, werden wir vielleicht sehr hoch hinauf bis zu den Sternen gehen. Wir werden uns vielleicht bis in die Tiefen der Erde oder in die Tiefen deiner Persönlichkeit hineinbegeben. Wir werden uns möglicherweise vorwärts bewegen in der Zeit, in die weit entfernte Zukunft, so weit wie du blicken kannst. Wir werden vielleicht in die Vergangenheit gehen, den ganzen Weg zurück bis an den Anfang der Zeit. Und während wir zusammen reisen, du und ich, wird dich meine Stimme begleiten. Meine Stimme wird zum Klingen der Glocken, während der Wind das Glockenspiel zum Schwingen bringt. Meine Stimme wird zur Stimme deiner Eltern oder Freunde werden, oder zu irgendeiner Stimme, die nötig ist, damit es zu der inneren Erfahrung paßt, die du jetzt erleben wirst.«

»Während wir diese Reise unternehmen, wird meine Stimme zu den Klängen und Geräuschen werden, die nötig sind, damit du die innere Erfahrung machst, die du brauchst, alldieweil wir durch die Äonen der Zeit reisen; so ist es gut, genau so, Milon.«

»Während du dich bereit machst, Milon, will ich dich bitten, eine Fahne im Jetzt aufzustellen. Nimm eine hübsche, große Fahne mit einer Farbe, die du magst, und stell sie im Jetzt auf, und ich würde dich bitten, einen Faden an deinem großen Zeh zu befestigen. Und während du das tust, mach das andere Ende an deiner Zeit-Linie fest, an einem Ort im Jetzt, der dir am angemessensten dafür erscheint. Gut.«

»Worum ich dich jetzt bitten möchte, ist, daß du dich hoch hinauf über deine Zeit-Linie begibst, und dieses Mal werden wir die Reise zusammen machen; ich werde mit dir gehen, dieses Mal möchte ich, daß du dich hinaus in die Zukunft bewegst, den ganzen Weg hinaus in die Zukunft, sogar noch weiter. Ganz hinaus an das zukünftige Ende deiner Zeit-Linie. Gut. Jetzt geh sogar noch weiter über das zukünftige Ende deiner Zeit-Linie hinaus, weiter vorwärts in die Zukunft, schau hinaus in die Zukunft. Siehst du das weiße Licht?«

»Ja«, antwortete Milon verträumt. Und es schien ihm, als sei seine eigene Stimme eine Million Meilen weit entfernt. »Aber es kommt mir vor, als wenn ich das weiße Licht wie durch das Ende eines langen Tunnels sehe.«

»Das ist richtig, Milon, so ist es, das ist richtig. Geh durch den Tunnel.«

Milon fing an, sich vorwärts zu bewegen, in den Tunnel hinein. Als er durch den Tunnel schwebte, sah er Lichter überall um sich herum und hörte fremdartige Klänge und Geräusche, aber er hatte keine Angst.

»Geh durch den Tunnel und in das weiße Licht.« Milon erschauderte, als das weiße Licht auf seinen Körper traf. »Werde eins mit dem weißen Licht«, sagte der Zauberer.

Milons Körper verschwand und er war frei! Reines Bewußtsein, freischwebend im Raum.

Aus einer weiten, weiten Entfernung hörte er, wie der Zauberer fortfuhr. »Bemerke, wie das weiße Licht deinen ganzen Körper vollkommen durchdringt. Du wirst eins mit dem gesamten Licht, das Licht wird eins mit dir, so daß jeder Zentimeter deines Körpers, jede Pore deines Körpers, jedes Molekül in deinem Körper, jedes Atom in deinem Körper, sogar der allerkleinste Teil deines Körpers, den du dir vorstellen kannst, genau das gleiche wird wie das Licht, und daß dein gesamter Körper in dem Licht verschwunden ist.«

»So ist es richtig, Milon, du bist das Licht, das Licht bist du, und das Licht ist dein unendliches Bewußtsein, Milon.«

Milon strahlte Licht aus und war eins mit dem Licht.

»Erlaube es dem Licht, sich auszuweiten, Milon. Laß es sich ausweiten und diesen ganzen Raum füllen - die ganze Gegend - die ganze Stadt - das ganze Land. Das Licht dehnt sich aus, während es unendlich bleibt, und erfüllt das ganze Land.«

Milons Grenzen begannen dahinzuschmelzen, als der Zauberer fortfuhr.

»Das Licht breitet sich aus und füllt den gesamten Kontinent - das Licht weitet sich aus und erfüllt die anderen Kontinente. Es weitet sich aus, um den ganzen Planeten zu füllen - über den Mond hinaus und das ganze Sonnensystem. Das Licht weitet sich aus und erfüllt die gesamte Galaxie. Andere Galaxien. Alle Galaxien. Das gesamte Universum. Das Licht weitet sich aus auf das gesamte bekannte und unbekannte Universum.«

Milons Bewußtsein, vollkommen erweitert, war eins mit dem Universum.

»Und, Milon«, fuhr der Zauberer fort, »bemerke jetzt, daß das Licht, das unendlich bleibt, ganz in deinem Körper enthalten ist, der hohl geworden ist, um es zu beherbergen. Du bist das Licht, Milon - das Licht bist du.«

»Sehr gut, Milon, das Licht kennt deine Bestimmung. Das Licht kennt den Sinn und Zweck dieser Lebensspanne. Ich möchte, daß das Licht dir diesen Sinn mitteilt, und zwar entweder dem bewußten oder dem unbewußten Teil deines Geistes. So magst du es vielleicht bewußt oder unbewußt hören; laß das Licht dir deinen Lebenszweck mitteilen, mache das jetzt.«

Der Zauberer wartete. Milon, der mehrere Minuten lang einfach unendliches Licht gewesen war, bemerkte, das etwas unmittelbar an der Schwelle seiner bewußten Wahrnehmung geschah. Der Zauberer fuhr fort: »Wenn das Licht es nur deinem Unbewußten mitteilt, möchte ich gerne vorschlagen, daß dein Unbewußtes irgendeine Art von Symbol erzeugt, oder etwas anderes, das für dich deinen Lebenssinn darstellen kann. Wenn es dein Unbewußtes weiß, dann laß das Symbol deinen Lebenszweck darstellen, so daß du deinen Zweck symbolisch erkennst.«

Milon sah, das ein Symbol im Geist erschien, und dann hörte er die Worte; niemand hatte sie gesprochen, aber er hörte sie so klar, als wenn sie jemand zu ihm gesprochen hätte, und sie lauteten:

»Milon, der Sinn deines Lebens ist es, zu wissen und zu erkennen, daß du deine eigene Zukunft erschaffen kannst, und dieses Wissen mit anderen zu teilen.« Tränen begannen Milons Gesicht herabzuströmen, es fühlte sich so ungeheuer gut an, den Sinn seines Lebens zu kennen und zu wissen, wer er war. Er weinte als der Zauberer sagte: »Gut, und nun komme zurück aus dem Licht!« Milon wollte nicht so recht, aber gerade in dem Moment, wo er ansetzte, das dem Zauberer mitzuteilen, hörte er wie aus weiter Ferne die Stimme des Zauberers: »Ich weiß, vielleicht magst du nicht zurückkommen, das ist in Ordnung so, denn das Licht ist da, und du weißt wo es ist. Du kannst das Licht besuchen so oft du willst, denn du bist das Licht und das Licht bist du.«

»Da es noch mehr zu tun gibt«, sagte der Zauberer, »komm bitte zurück aus dem Licht und stelle dich an das zukünftige Ende deiner Zeit-Linie und hebe deine Hände vor dir hoch und erlaube es den Lichtstrahlen, durch deine Finger hindurch, den ganzen Weg entlang deiner Zeit-Linie durch das Jetzt hindurch zu fließen.« Milon stand am zukünftigen Ende seiner Zeit-Linie, und Licht strömte aus seinen ausgestreckten Händen. Die Lichtstrahlen strömten aus seinen Händen, aber das unendliche Licht in seinem Körper wurde nicht weniger, und während er das tat, begann seine Zeit-Linie aufzuleuchten. Der Zauberer fuhr fort: »Und bemerke, daß deine Zeit-Linie mit dem Sinn deines Lebens - deiner Bestimmung - durchdrungen wird. Nimm dir alle Zeit die du dafür brauchst, du hast sie. Nimm all die Zeit, die du brauchst, um deiner Zukunft zu erlauben, vollkommen vom Licht deines Lebenszweckes durchdrungen zu werden.«

Der Zauberer wartete, während Milons Zeit-Linie anfing, immer heller aufzuleuchten. »Exzellent«, sagte er, »und während du dich auf das Jetzt zubewegst, achte darauf, wie gut es sich anfühlt. Und bemerke alle die Veränderungen, die in dir stattgefunden haben, und deine Fähigkeit, deinen Lebenszweck zu kennen, und alles haben zu können, was du willst.«

»Jetzt wo du es erwähnst...«, dachte Milon.

»So ist es gut«, sagte der Zauberer. »Worum ich dich jetzt bitten möchte: Ich möchte, daß du langsam zurück auf die Gegenwart zukommst, nur so schnell, wie sich all die Ereignisse zwischen dort und jetzt im Lichte deines Lebenszweckes und deiner neu gefundenen Fähigkeiten wiederbewerten. Ich meine deine Fähigkeiten, das zu haben, was immer du willst; und auch deine Fähigkeiten, lernen zu können, was immer es ist, was du lernen willst, um das zu erhalten, was du erhalten willst. Die Fähigkeiten deines Unbewußten, dich mit der Information zu versorgen, die du brauchst, um das tun zu können, was immer es ist, was du tun willst. Und ich spreche auch von der Fähigkeit, sich an alles erinnern zu können, was du brauchst, um das anwenden zu können, was du hier auf eine Weise gelernt hast, die dich vollkommen und ganz unterstützen wird.«

»Laß es zu, daß es in der Zukunft passiert, in deiner Gegenwart, oder in deiner Vergangenheit, wo immer die Veränderung nötig wird, laß sie geschehen. Nimm dir alle Zeit, die du brauchst, während du langsam zurück Richtung Jetzt kommst. Bemerke, daß alle die Ereignisse in deiner Zeit-Linie sich vollkommen aufeinander abstimmen und wiederbewerten. Wenn du an der Gegenwart ankommst, fließ einfach mitten hinein ins Jetzt.«

Milon zwinkerte und rieb sich verschlafen seine Augen.
Der Zauberer fuhr fort:»Während du langsam deine Augen öffnest - aber jetzt noch nicht - wenn du dann deine Augen öffnest,
bemerke, daß der Raum hier einfach ein bißchen anders
aussieht als damals, als du ihn verlassen hast. Und achte darauf,
daß, wenn du dich umschaust, der Tisch, die Stühle, sogar das
Fenster, jetzt anders aussehen als sie noch vor einem Moment
aussahen. Ich möchte dich bitten zu bemerken, daß dein Körper
sich auch ein wenig anders anfühlt. In der Tat, die Art von Gefühlen, die du jetzt erfährst, sind vollkommen angemessen, für
dein neues Du.«

Milon war voller Ehrfurcht, der Raum schien zu strahlen,
sein Körper kribbelte ein wenig, fast so, als wenn er noch nicht
ganz wieder da wäre.»Ich möchte, daß du, während du langsam
aufwachst, selbst bemerkst, wie du langsam immer wacher
wirst; natürlich hast du alle Zeit, die du brauchst, um das zu tun.
Aber während du wach wirst, möchte ich dich bitten, daß du
bemerkst, daß du zwischen Jetzt und heute Abend genug Zeit
hast, um alle Dinge zu genießen, die du genießen willst. Ich
möchte dich auch bitten, daß du, bevor du diesen Raum verläßt -
noch nicht gleich -, aber bevor du diesen Raum verläßt, dafür
sorgst, daß du tatsächlich ganz und gar wirklich wach bist. Und
es mag dich überraschen, wieviel mehr Energie du für den Rest
des Tages zur Verfügung hast. In der Tat, es wird dich vielleicht
überraschen, festzustellen, daß du sogar viel mehr Energie
hast, als du vielleicht gedacht hättest. Du wirst eine ganze
Menge Energie haben, bis es Zeit wird für dich, schlafen zu
gehen. Und zu dem Zeitpunkt wirst du in einen sehr, sehr tiefen
Schlaf fallen und die Integration, die wir hier angefangen

haben, vervollständigt sich, während du heute Nacht schläfst.«

»In der Vergangenheit, Milon, hast du mit mir in deinem Geist Kontakt aufgenommen«, sagte der Zauberer. »Ich bin da, Milon, aber es ist für uns beide nicht mehr länger notwendig, daß wir auf diese Weise miteinander reden. Du kennst nun „den Prozeß". Jetzt kannst du dir selbst trauen. Dies ist ein neuer Anfang für dich, Milon. Um den nächsten Schritt zu gehen, mußt du eins sein mit der Information und den Übungen. Ich meine die, die ich dir bis heute beigebracht habe. Arbeite sie immer wieder durch und jedesmal, wenn du das machst, wirst du bemerken, daß du ungeheure Vorteile dadurch gewinnst.«

»Geh sie noch einmal in Zyklen durch. Eine Woche lang einmal am Tag. Dann einmal im Monat drei Monate lang. Der erste Zyklus wird dich zu einer Ebene bringen, auf der das Universum verständlich wird - die Fähigkeit, die Energien des Universums „anzuzapfen" und in der materiellen Welt alles er- schaffen zu können, was du willst.«

»Der zweite Zyklus wird dir erlauben, eins mit dir selbst zu werden und mit deinen Brüdern in der Welt. Während dieses Zyklusses, Milon, wirst du die Spiritualität finden, die du suchst, und die Nähe zu deinen Brüdern und Schwestern.«

»Der dritte Zyklus, Milon, wird dich auf die Ebene bringen, auf der du den Planeten auf seiner globalen Ebene beeinflussen kannst.«

»Der vierte Zyklus wird dich in den Zustand der Vision versetzen, Milon. Dort ist es, wo du wissen wirst, was du willst, einfach weil du es willst. Wenn du bereit bist, kannst du kommen und weiter bei mir lernen«, sagte der Zauberer. »Das verstehst du, nicht wahr?«

»Ja, ich verstehe«, sagte Milon und Tränen der Dankbarkeit liefen sein Gesicht herab. »Jetzt verstehe ich, ich danke dir.«

»Gut«, sagte der Zauberer, »wenn du mich brauchst: Bis du bereit bist, zu mir zu kommen und weiter mit mir zu arbeiten, bin ich in dem Licht« Und er drehte sich um und ging in das weiße Licht hinein. Der Körper des Zauberers verschwand, als er eins mit dem Licht wurde.

Milon, dessen Freudentränen immer noch über sein Gesicht liefen, öffnete das Notizbuch, das der Zauberer ihm gegeben hatte. Er wußte, was er wollte. Er wußte, wie er es erreichen konnte. Er wußte, was zu tun war und was er **jetzt** wollte:

☞ Der Zauberer werden...

LITERATUR

Bandler, Richard: Veränderung des subjektiven Erlebens. Paderborn: Junfermann, 4. Aufl. 1992.

Bandler, Richard & Grinder, John: Neue Wege der Kurzzeit-Therapie - Neurolinguistische Programme. Paderborn: Junfermann, 10. Aufl. 1992.

Lewis & Pucelik: Magic Demistyfied. Metamorphous Press.

James, Tad & Woodsmall, Wyatt: TIME LINE - NLP-Konzepte. Paderborn: Junfermann, 2. Aufl. 1992.

ÜBER DEN AUTOR

Everett „Tad" James ist Autor und Trainer. Tad führt seit 1972 Seminare zur Persönlichkeitsentwicklung durch. Er hat einen Master-Grad in Kommunikation und einen Doktor-Titel (Ph.D.) in Ericksonscher Hypnose. Er ist Certified Master Trainer im Neuro-Linguistischen Programmieren (NLP). Tad ist darüber hinaus Co-Autor des bekannten Buches TIME LINE, zuerst erschienen bei Meta-Publications 1988, bei Junfermann 1991 in deutscher Übersetzung. Tad gilt auch als ein erfahrener Lehrer der Transzendentalen Meditation und der Siddha Yoga Meditation. Als Gründer und Director der Advanced Neuro Dynamics, Inc. leitet er dieses internationale Beratungs-Unternehmen, das auf die Entwicklung der menschlichen Ressourcen (Human Resource Development) und auf Seminare zur persönlichen Entwicklung spezialisiert ist. Er hält Seminare in den Vereinigten Staaten, Kanada und Europa.

Tad James ist der Meinung, daß es in jedem Menschen eine „unerweckte Essenz" gibt, und daß diese Essenz sich zu entfalten beginnt, sobald sie erst einmal erkannt wird.

Dieser Glaube webt ein einzigartiges Muster, nicht nur in seinem Stil als Autor, sondern auch in seinen Coaching- und Beratungs-Methoden bei Einzelpersonen und Unternehmen.

Ask for your FREE catalog!

Advanced Neuro Dynamics, Inc. (AND) has been helping people achieve their dreams since 1982. Based in Honolulu, Hawaii, AND offers introductory weekends around the world on The Secret of Creating Your Future™ and Hawaiian Huna. AND offers NLP Practitioner & Hypnosis Certification, Master Practitioner Certification and NLP Trainer Certification. Speciality training includes intensive instruction in the shamanistic and healing science of Huna, certification in Time Line Therapy™ and certification in Master Hypnotherapy. AND offers the convenience of audio & video tapes for self-study and review. All videos are available in the European PAL format on request.

BASIC NLP TRAINING COLLECTION with Tad James
(24 audio cassettes, NLP Practitioner Manual, $425)
The new Basic NLP Training Collection brings a full NLP
Practitioner Certification course into your car or home, allowing
you to immediately experience the powerful basic principles and
techniques of Neuro-linguistic Programming. MAIN TOPICS:
• Introduction to NLP • Sensory Acuity • Submodalities
• Rapport & Rep Systems • Strategies • Language Patterns
• Anchoring & Reframing • Basic Time Line Therapy™

— —

Mail to: Advanced Neuro Dynamics, Inc.
P.O. Box 3768 • Honolulu, Hawaii 96812 USA
Telephone: (808) 941-2021 • **Fax:** (808) 951-0417

NAME _____

ADDRESS _____

CITY/STATE_____

COUNTRY/ZIP _____

PHONE (   ) _____

___ FREE Resource Guide of books, tapes and seminars .... FREE
___ The Heart of Huna (0.5 lb.) $9.95
___ A Journey On The Time Line (0.5 lb.) $15.95
___ Time Line Project Induction (0.5 lb.) $15.95
___ Time Line Therapy™ Video Course PAL (9.0 lb.) $295.00
___ Ericksonian Hypnosis Video Course PAL (9.0 lb.) $295.00
___ Basic NLP Training Collection (8.0 lb.)......................$425.00

        Subtotal (all prices in US dollars): $_____
        Air Shipping (from table below): $_____
        Total (U.S. funds): $_____

Method of payment: __ Check   __ Money order
                  __ VISA   __ MasterCard   __ AMEX

Card No: _____

Exp: _____

	lbs	U.S.	Canada	A List	B List
		AIR SHIPPING to			
A List: Western	0.5-1.5	$3.50	$5.00	$12.00	$16.00
Europe, Hong	2.0-2.5	$4.50	$7.00	$18.00	$22.50
Kong, Mexico,	3.0-4.5	$6.00	$8.00	$30.00	$35.00
Venezuela	5.0-7.5	$11.00	$13.00	$42.00	$50.00
B List: All	8-11.5	$15.00	$17.00	$58.00	$70.00
other countries.					

TIME COACHING™

Test und Seminare

1. <u>Selbstanalyse:</u> Wo stehe ich im Hinblick auf meine inneren Denk- und Handlungsstrategien, wo liegen meine Schwerpunkte?

2. <u>Schwachstellenermittlung:</u> Welche Begrenzungen hindern mich an der vollen Nutzung meiner Ressourcen, wo kann ich „draufsatteln", wo muß ich zurücknehmen?

3. <u>Zielprogrammierung:</u> Wie formuliere ich meine persönlichen, privaten und beruflichen Vorstellungen von einer Zukunft, die mich stark anzieht? Wie gestalte ich meine völlig unverwechselbare persönliche Ausstrahlung?

IDYLL-MPVI
Institut für Team-Design
Klaus Marwitz & Partner
Esmarchstr. 64
D-2300 Kiel 1
Tel.: 0049 (0)431 / 815 47
Fax: 851 03